Bunte Kosmos-Taschenführer

Weitere Bücher für den Naturfreund aus dieser Reihe:

Pflanzen
Aichele, Das blüht an allen Wegen – Aichele, Hier find ich Deutschlands schönste Pflanzen – Aichele/Schwegler, Bunte Welt der Alpenblumen – Aichele/Schwegler, Die Natur im Jahreslauf – Bechtel, Bunte Welt der Kakteen – Bechtel, Bunte Welt der Zimmerblumen – Bechtel, Exotische Orchideen – Haas/Schrempp, Pilze, die nicht jeder kennt – Haas/Schrempp, Pilze in Wald und Flur – Kohlhaupt, Bunte Welt der Orchideen – Rein, Bunte Welt der Gartenblumen – Rüdt, Heil- und Giftpflanzen – Sanderse, Pflanzen als Aquarienschmuck – Schönfelder, Das blüht am Mittelmeer – Zech, Bäume und Sträucher – Zech, Bunte Welt der schönen Rosen

Tiere
Adrian, Große Hunde – Adrian, Kleine Hunde – Aichele, Das fängt man mit der Angel – Bechtel, Bunte Welt der Stubenvögel – Bechtle, Bunte Welt im Terrarium – Entrop, Muscheln und Schnecken an Europas Küsten – Hoeher, Vogelkinder und ihre Eltern – Neugebauer, Korallenfische im Aquarium – Pfletschinger, Bunte Welt der Insekten – Pfletschinger, Einheimische Spinnen – Rein/Zech, Wunderwelt der Schmetterlinge – Rohm, Bunte Welt der Vögel – Splechtna, Niedere Tiere im Meeresaquarium – Schwammberger, Bunte Welt der Tiere – Thies, 62 Katzen in Farbe – Weiß, Bunte Welt der Tropenfische – Weiß, Fische fürs Gesellschaftsbecken

Minerale, Steine und Versteinerungen
Hartmann/Binnewies, Edelsteine – Lieber, Bunte Welt der schönen Steine

Biotopführer
Aichele/Schwegler, Die Natur in unserer Stadt – Aichele/Schwegler, Lebensraum Alpen – Aichele/Schwegler, Seen, Moore, Wasserläufe – Aichele/Schwegler, Wald und Forst – Aichele/Schwegler, Wiesen, Weiden, Ackerland

Reiseführer für Naturfreunde
Ballenberger/Haas, Die Schwäbische Alb in Farbe – Bechtel, Der Niederrhein in Farbe – Bechtle, Der Neusiedler See in Farbe – Bechtle, Stuttgart für Naturfreunde – Gruber, Der Schwarzwald in Farbe – Grupe, Naturschutzpark Lüneburger Heide in Farbe – Heierli, Graubünden in Farbe – Janus, Das Watt – Jung, Sauerland und Siegerland in Farbe – Körber, Die Allgäuer Alpen in Farbe – Matthes, Die Felsenküste der Adria – Sauer, Das bayerische Voralpenland in Farbe – Sauer, Die Eifel in Farbe – Tuchen, Die Vogesen in Farbe – Vogt, Teneriffa in Farbe

Bruno P. Kremer

Pflanzen unserer Küsten

Blütenpflanzen – Flechten – Algen – Tange
mit 119 Farbfotos

Kosmos · Gesellschaft der Naturfreunde
Franckh'sche Verlagshandlung · Stuttgart

Umschlag von Edgar Dambacher unter Verwendung einer Aufnahme von W. Schacht
Das Bild zeigt die Strand-Zaunwicke *Calystegia soldanella*
Mit 119 Farbfotos von J. Apel (1), H. Bechtel (2), M. Haberer (1), P. Kohlhaupt (2), B. P. Kremer (89), E. Müller (2), G. Quedens (14), W. Schacht (3), H. Schrempp (3) und F. Siedel (2) sowie einer Zeichnung nach H. Kesseler, verändert

CIP-Kurztitelaufnahme der Deutschen Bibliothek

Kremer, Bruno P.
Pflanzen unserer Küsten : Blütenpflanzen, Flechten, Algen, Tange. – 1. – 15. Tsd. – Stuttgart : Franckh, 1977.
(Bunte Kosmos-Taschenführer)
ISBN 3-440-04397-5

Franckh'sche Verlagshandlung, W. Keller & Co., Stuttgart / 1977

Printed in Italy / Imprimé en Italie / LH 14 dö / ISBN 3-440-04397-5
Satz: Konrad Triltsch, Graphischer Betrieb, Würzburg
Reproduktion, Druck und Buchbinder: Grafiche Muzzio, Padua/Italien

Meerespflanzen

Niemand wird es Ihnen verdenken, wenn Sie als Urlauber und Badegast an den Stränden von Nord- oder Ostsee die antreibenden Meerespflanzen zunächst als lästiges und unangenehmes Strandgut empfinden. Wenn Sie aber nach einer flüchtigen Betrachtung einen ersten Eindruck von der Andersartigkeit und Eigenart dieser Pflanzen gewonnen haben, möchten Sie sicher mehr über diese interessanten Bewohner eines Lebensraumes erfahren, in dem sich die Grenzsäume von Land und Meer mehrfach täglich verlagern. Hier, im Gezeitenbereich, präsentiert sich eine überraschend reiche und vielgestaltige Flora und Fauna, die jeden in Erstaunen versetzt, der auch nur einen kurzen Blick für die Objekte des Meeresufers erübrigt.

Dieses Buch möchte Sie mit den Meerespflanzen vertraut machen. Unter Meerespflanzen verstehen wir hier einerseits die Pflanzen *im* Meer wie beispielsweise die Seegräser, Algen und Tange, die zeitweise oder dauernd untergetaucht leben und uns nur im Rhythmus der Gezeiten zugänglich sind. In diesem amphibischen Grenzsaum zwischen den Flut- und Ebbemarken findet sich eine Reihe bemerkenswerter Pioniere des Landes gegen das Meer und des Meeres gegen das feste Land.

Andererseits werden auch die Pflanzen *am* Meer behandelt, die die großflächigen Bestände der Dünen und Salzmarschen bilden – Pflanzengemeinschaften, die in ihrer typischen Ausbildung eben nur in unmittelbarer Nähe des Meeres vorkommen. Hier, in der nächsten Umgebung des Strandes oder auch in den mehr landeinwärts gelegenen, feuchten und teilweise sogar vermoorten Standorten der Dünentäler, wird speziell der Wanderer vielfache Gelegenheit zu neuen und interessanten Entdeckungen haben.

In unserem Taschenbuch ist die Pflanzenwelt berücksichtigt, die im Großraum der Nordsee, im Gesamtbereich der friesischen Inseln, aber auch an der Ostsee oder an den Küstensäumen des Ärmelkanals siedelt. Die häufigsten, bemerkenswertesten und schönsten Pflanzen dieses umschriebenen Lebensraumes werden in ausgewählten Bilddarstellungen vorgestellt. Im begleitenden Text finden Sie Angaben über sichere Kennzeichen, Standorte und Vorkommen der einzelnen Arten. Sicherlich kann diese Zusammenstellung nicht alle vorkommenden Arten berücksichtigen. Dennoch werden Sie in die Lage versetzt, die Leitarten der einzelnen Pflanzengesellschaften sicher zu bestimmen und wiederzuerkennen. Viel Freude beim Entdecken, Beobachten und Bestimmen der Meerespflanzen.

Sie finden ...

Meerespflanzen	5
Typische Pflanzengesellschaften an den Meeresküsten	6
Erklärung der verwendeten Abkürzungen	7
Vom Spülsaum zu den Dünenmooren	8
Vom Schlickwatt zur Salzwiese	32
Meeresnahe Felsen, Mauern, Raine	46
Felsküsten und Felswatt	48
Literaturhinweise	68
Verzeichnis der wissenschaftlichen Namen	69
Verzeichnis der deutschen Namen	70

Die Tafelbilder sind zu lesen: links oben, rechts oben, links unten, rechts unten.

Typische Pflanzengesellschaften an den Meeresküsten

Meeresküsten können recht verschiedenartig aufgebaut und ausgeformt sein: neben dem Sandufer mit seinen ausgedehnten Sandstränden und den meist nachfolgenden Dünenzügen sind auch Schlickufer möglich, an denen das Schlickwatt allmählich in Salzmarschen übergeht. Außerdem kann auch anstehender Fels den zumeist steilen, oft schroffen Übergang von Land und Meer mit dem dazwischenliegenden Felswatt vermitteln. Alle diese Küstenformationen tragen ihre eigene Flora. Im untenstehenden Schema (verändert n. H. Kesseler, Biologische Anstalt Helgoland, Litoralstation List) ist die Abfolge der charakteristischen Pflanzengesellschaften im Dünen- und Salzmarschenbereich festgehalten.

Pflanzengesellschaften der Dünen:

1 Gelappte Melde, *2* Strand-Melde, *3* Meerstrand-Quecke, *4* Kali-Salzkraut, *5* Strand-Salzmiere, *6* Meersenf, *7* Strandroggen, *8* Stranddistel, *9* Strandhafer, *10* Silbergras, *11* Berg-Sandglöckchen, *12* Sand-Segge, *13* Kriech-Weide, *14* Dünen-Veilchen, *15* Krähenbeere, *16* Heidekraut, *17* Rauschbeere, *18* Glockenheide, *19* Moorbärlapp, *20* Sonnentau, *21* Binsen-Arten, *22* Moosbeere

Pflanzengesellschaften der Salzwiesen:

1 Seegras, *2+5* Queller, *3* Strand-Sode, *4* Schlickgras, *6* Andel, *7* Strand-Milch-

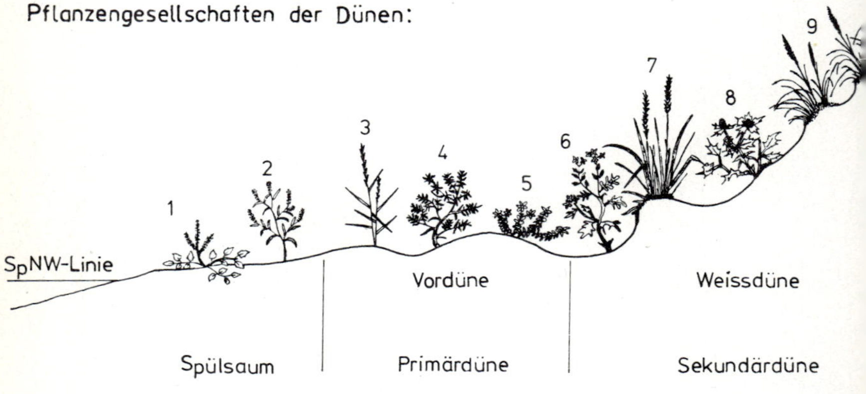

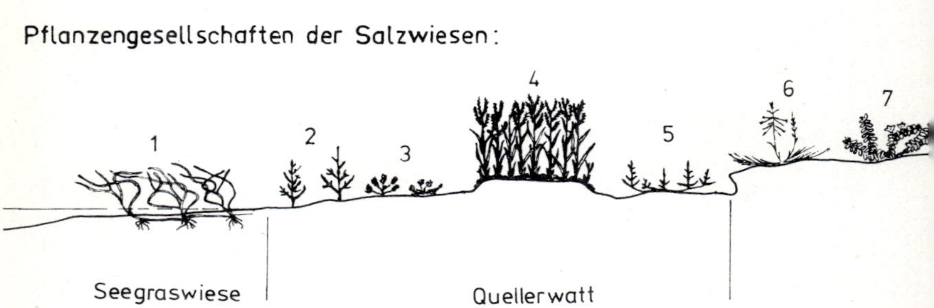

kraut, *8* Strand-Dreizack, *9* Tausendgüldenkraut, *10* Salz-Schuppenmiere, *11* Straußgras, *12* Strandflieder, *13* Strand-Beifuß, *14* Salz-Aster, *15* Strand-Wegerich, *16* Strand-Grasnelke, *17* Hornklee

Erklärung der verwendeten Abkürzungen

B: Beschreibung der Pflanzen mit allen wichtigen Kennzeichen und Merkmalen. In wenigen Fällen ist zum besseren Ansprechen eine Handlupe zweckmäßig.
S: Angaben über Standort und Lebensraum der einzelnen Arten und deren Zugehörigkeit zu bestimmten Pflanzengesellschaften.
V: Geographische Verbreitung und Fundorte der häufigeren und selteneren Meerespflanzen.
U: Unterscheidungsmerkmale nahestehender, weiterer Arten der gleichen Gattung, die mit größerer Wahrscheinlichkeit im gleichen Lebensraum angetroffen werden können.

Unter Naturschutz stehende Arten sind besonders gekennzeichnet. Es sei aber daran erinnert, daß in Naturschutzgebieten, z. B. in vielen Teilen der friesischen Inseln, auch die übrigen Arten unter gesetzlichem Schutz stehen.

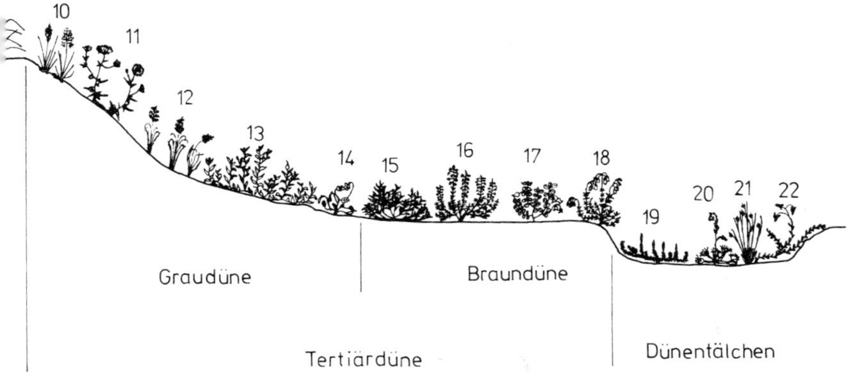

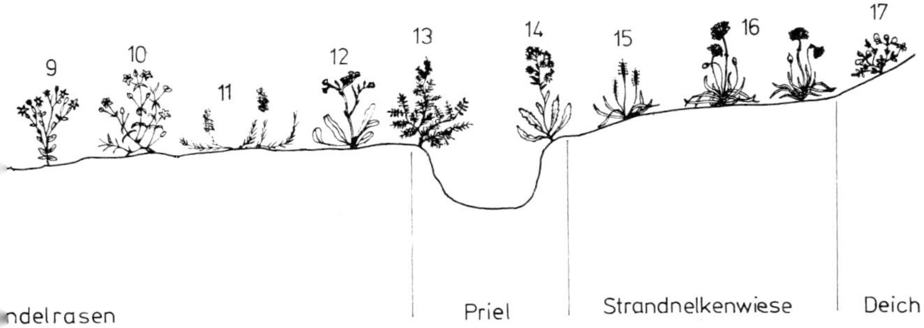

Vom Spülsaum zu den Dünenmooren

Weite Teile der Meeresküsten werden vom Sandstrand bedeckt. An solchen Sandküsten, die zudem Gezeitenküsten sind, beginnt die Besiedlung durch Pflanzen erst oberhalb der Springtidenhochwasserlinie (SpHW-Linie). Aus vielerlei Gründen (z. B. wegen der starken Wasserbewegung und der damit verbundenen ständigen Umschichtung des lockeren Sediments) kann sich am Sandstrand in den Lebensräumen unterhalb der Springtidenniedrigwasserlinie (SpNW-Linie) keine Pflanzendecke einstellen. Diese Zonen bleiben deshalb vegetationsfrei. Von der Wasserlinie aus landeinwärts folgen verschiedene Lebensräume aufeinander, in denen man eindrucksvoll die Gesetzmäßigkeiten von Boden- und Vegetationsentwicklung beobachten kann.

Spülsaum
Auf den nackten Strand folgt auf der ebenen unbewachsenen Strandfläche wenig landeinwärts ein kleiner Wall mit allerlei organischem und anorganischem Angespül, der Spülsaum. Hier, an den Flutmarken des Sandstrandes, bilden sich aus den Überresten angetriebener Algenmassen modernde Tangbeete, in deren Umgebung eine besondere Pflanzengesellschaft stickstoffliebender und salzfester, meist einjähriger Arten siedelt. Sie vergehen nach der Fruchtreife; ihre Samen werden vom Seewasser verdriftet und an einem anderen Spülsaum erneut angelandet, wo sie im nachfolgenden Frühjahr wiederum geeignete Lebensbedingungen vorfinden.

Vordünen und Weißdünen
An weiter landeinwärts gelegenen Stellen, die vom Meerwasser nicht mehr regelmäßig erreicht werden, können andere Arten wie etwa die Meerstrand-Quekke Fuß fassen, in deren Windschatten sich der Sand niederschlägt und so die niedrigen Vordünen entstehen läßt. Nach der Ansiedlung von Strandroggen und Strandhafer gehen sie bei weiterer Aufsandung in die steilkuppigen Weißdünen über, die durchaus eine Höhe von 10 m und mehr erreichen können. Besonders das dichte Wurzelwerk des übersandungsfesten Strandhafers verfestigt die Düne. Dazwischen bleiben immer noch weiße Sandflächen sichtbar. Die auf der Weißdüne siedelnde Pflanzengemeinschaft ist artenarm und kaum noch salzverträglich.

Graudünen
Im strandferneren Bereich, wo der Sand eher zur Ruhe kommt, kann sich Humus ansammeln, der einer anderen Pflanzengesellschaft Siedlungsmöglichkeiten gibt. Die Pflanzendecke wird nun dichter und artenreicher, die Farbe des Bodens wechselt in Grautöne: Die Weißdüne hat sich allmählich zur Graudüne entwickelt. Durch Windanriß oder ständige Beschädigung der Pflanzendecke kann sich der noch locker geschichtete Sand der Graudüne jederzeit wieder in Bewegung setzen. Auf diese Weise können sich einzelne Dünen aus ihrem Verband lösen und sich als parabelförmige Wanderdünen landeinwärts verlagern. An der Leeseite von Graudünen betätigen sich häufig auch niedrige Gebüsche wie Sanddorn oder Kriech-Weide als Sandfänger.

Braundünen
Sobald sich auf einer festgelegten Düne unter dem ziemlich dichten Moos- und Rasenbewuchs weiterer Humus angesammelt hat, verändert sich abermals das Pflanzenkleid, und es können sich entweder verschiedene Zwergstrauchgesellschaften (Nordsee) oder auch Kiefernwälder (Ostsee) einfinden. Die verheidete Düne mit ihren großen Krähenbeerenhorsten oder den ausgedehnten Besenheidebeständen heißt Braundüne. In den Senken zwischen den Grau- und Braundünenzügen, den Dünentälchen, entwickeln sich die interessanten Dünenmoore mit ihren verschiedenen, z. T. sehr seltenen Flach- oder Hochmoorbewohnern.

Spülsaum und Vordünen

Kali-Salzkraut *Salsola kali* L. Gänsefußgewächse *Chenopodiaceae*
B: Juli – September, 10 – 40 cm. – Einjährige, meist kräftige und tiefwurzelnde Pflanze mit deutlich fleischigem Stengel und Blättern von graugrüner Färbung, die zuweilen auch rötlich überlaufen sind. Alle Teile der reich und sparrig verzweigten Pflanze sind zerstreut kurzhaarig. Die unscheinbaren, graugrünen Blüten sitzen einzeln oder zu 2 – 3 in den Achseln der ungestielten, länglich pfriemenförmigen, kurz stachelspitzigen Blätter. Die Blütenhülle wird zur Fruchtzeit pergamentartig dünnhäutig. Die Bestäubung erfolgt durch den Wind oder durch Insekten.
S: Erstbesiedler am oberen Spülsaum im Bereich der typischen Flutmarkengesellschaft und auf kleinen Sandwällen der Vordünen.
V: Nord- und Ostseeküsten, Inseln. Sehr selten auch an Salzstandorten des Binnenlandes.

Strand-Melde *Atriplex littoralis* L. Gänsefußgewächse *Chenopodiaceae*
B: Juli – September, 30 – 80 cm. – Einjährige Pflanze mit kaum fleischigen Blättern von linealisch-lanzettlicher bis fadenförmiger Gestalt, entweder ganzrandig oder scharf gezähnt und beiderseits gleichfarbig graugrün. Deutliche Seitennerven sind kaum erkennbar. Die Blüten sind einhäusig und sitzen in entfernten Knäueln an aufrechten, rutenartigen Seitenästen. Die Fruchthülle ist dreieckig, nur am Grunde verwachsen, vielfach gezähnt und mehlig bestäubt.
S: Neben weiteren Meldenarten Charakterart der Strandmelden-Gesellschaft auf Braunalgen- und Seegrasspülsäumen mit geringer oder auch fehlender Sandbedeckung und gröberen Kiesgeröllen.
V: Küsten der Nord- und Ostsee. Selten auch an Salzstandorten des Binnenlandes.

Strand-Salzmiere *Honkenya peploides* (L.) Ehrh. *(Minuartia peploides)* Nelkengewächse *Caryophyllaceae*
B: Juni – Juli, 5 – 30 cm. – Ausdauernde, gelbgrüne, fleischige Pflanze mit niederliegendem, an den Knoten wurzelndem Stengel und dicht beblätterten, meist aufrechten Seitenzweigen. Die Blätter sind sehr fest, kahl, oberseits etwas glänzend, eiförmig, vorne zugespitzt, in dichten Wirteln kreuzgegenständig. Typische salz-sukkulente Pflanze: alle Teile schmecken stark salzig. Die 5 Kronblätter der grünlich-weißen Blüten werden von den Kelchblättern überragt. Die 5 Staubblätter werden weit nach außen gespreizt.
S: Sehr häufiger, gelegentlich massenhaft auftretender Besiedler des Sandstrandes, meist in den flachen Mulden hinter den Spülsäumen am Fuß von Vordünen.
V: Nur im Küstenbereich: Dünen der Nord- und Ostsee.

Meerstrand-Quecke *Agropyron junceum* (Jusl.) P. B. Süßgräser *Poaceae*
B: Juni – August, 20 – 80 cm. – Ausdauerndes, graugrünes Gras mit kriechender Grundachse und sehr langen Ausläufern. Die Blätter sind ziemlich lang, etwa 4 – 8 mm breit, aber meist eingerollt, mit langgezogener Blattspitze. Die dicken und einander genäherten Blattnerven sind auf der Oberseite mit vielen Reihen kurzer, samtiger Haare bestanden. Die sehr brüchige Ährenspindel trägt wenige, etwas entfernte, große Ährchen mit stumpfen Hüllspelzen und unbegrannter Deckspelze.
S: Sandwälle der Vordünen; äußerst resistent gegen ständigen Flugsand, erträgt vorübergehende oder längere Sandbedeckung.
V: Nur im Küstenbereich, Sandstrände der Inseln, an der Nordsee meist häufiger als an der Ostsee.
U: Die nahverwandte Nordsee-Quecke (*Agropyron littorale*) hat schmalere Blätter mit nur wenigen Haarzeilen und sehr stark vorspringenden Blattnerven.

Wilde Rübe *Beta maritima* L. Gänsefußgewächse *Chenopodiaceae*
B: Juli – September, 20 – 80 cm. – Ein- bis mehrjährige, kräftige Pflanze mit niederliegenden Stengeln. Die Grundblätter sind zu einer dichten Rosette angeordnet. Blätter oberwärts glänzend dunkelgrün und langgestielt. Die Wurzel ist nicht rübenartig verdickt. Blüten unscheinbar grünlich, zu je 2 – 4 in Knäueln an einem langgestreckten, rispigen, beblätterten Blütenstand (Scheinähre). Die Wilde Rübe ist die Stammart wichtiger Kulturpflanzen wie Mangold, Zuckerrübe, Runkelrübe und Rote Bete.
S: Im Bereich der Spülsäume und Strandwälle, vor allem an Stellen mit lebhafter Zersetzung organischen Angespüls.
V: Atlantische Küsten, Küstengebiet von Holland und Dänemark. In Deutschland nur auf Helgoland. Auch im Mittelmeergebiet.

Meersenf *Cakile maritima* Scop. Kreuzblütler *Brassicaceae*
B: Juli – Oktober, 10 – 30 cm. – Einjährige, sehr formenreiche Art mit dicklich-fleischigen, ungeteilten oder doppelt-fiederspaltigen Blättern an kahlen, ästigen, ausgebreiteten oder aufsteigenden Stengeln. Die Blüten sind weißlich oder hellviolett, die übrige Pflanze ist dunkelgrün oder (häufiger) blaugrün. Selbstbestäuber oder Bestäubung durch Insekten. Die Früchte sind charakteristisch zweigliedrige Schoten: Ihr oberer Teil ist dolchartig und korkig hart. In Form und Größe des unteren Teils unterscheiden sich die Nord- und Ostseepopulationen.
S: Charakterart der Spülsaumgesellschaften. Mitunter in massenhaften Beständen.
V: Atlantische Küsten Europas. Sandstrände an Nord- und Ostsee. Auch im Mittelmeergebiet.

Meerkohl *Crambe maritima* L. Kreuzblütler *Brassicaceae*
B: Mai – Juli, 25 – 80 cm. – Große, mehrjährige Pflanze mit kahlen, fleischigen, blaugrün bereiften Blättern an verzweigten, aufrechten Stengeln. Die Blätter sind groß, rundlich, am Rande etwas wellig und gebuchtet bis gezähnt. Sie stehen einzeln, aber in dichter Folge. Die Kreuzblüten sind weiß und zu ansehnlichen, rispigen Blütenständen vereint. Die 4 längeren der 6 Staubblätter in der Mitte gabelig gespalten. Die Frucht ist ein 2gliedriges, birnenförmiges Schötchen, dessen unterer Abschnitt samenlos und stielartig verschmälert ist.
S: Geröllzone im Bereich des Spülsaums an Sandstränden.
V: Nur an der Ostseeküste: Schleswig-Holstein, dänische Inseln, östlich bis Rügen.

Meer-Strandkamille *Tripleurospermum maritimum* (L.) Koch Korbblütler *Asteraceae*
B: Juli – Oktober, 10 – 30 cm. – Auffällige, großblumige Pflanze mit niederliegendem, ausgebreitetem oder aufsteigendem Stengel, der von Grund auf verzweigt ist. Ein- oder zweijährig oder auch ausdauernd. Die Blätter sind etwas fleischig, fein, mit schmalen, linealischen, rundlichen Zipfeln, mehrfach (2 – 3) fiederteilig. Die Pflanze riecht beim Zerreiben schwach aromatisch. Blüten in Körbchen ohne Spreublätter; randliche Zungenblüten reinweiß, innere Röhrenblüten leuchtend gelb.
S: Zusammen mit Meersenf u. a. auf Strandwällen im Bereich des Spülsaums, mitunter auch auf Strandwiesen, aber nur auf Salzboden.
V: Atlantische Küsten, Nordsee, Ostsee, Inseln. Angeblich auch an Salzstellen des Binnenlandes.
U: Häufig verwechselt mit der sehr ähnlichen Geruchlosen Strandkamille *(Tripleurospermum inodorum),* die jedoch einen aufrechten und nur oberwärts ästigen Stengel aufweist.

Strandroggen, Blauer Helm *Elymus arenarius* (L.) Hoechst Süßgräser *Poaceae*
B: Juni – August, 60 – 120 cm. – Charakteristisches, ausdauerndes, blaugrünes Gras mit kriechender Grundachse und sehr weitreichenden Ausläufern. Die Blätter sind sehr steif, oberseits rauh, etwas stechend und bis zu 10 mm breit. Sie können zur Vermeidung unnötiger Wasserabgabe vom Rand her eingerollt werden. Die Ähre wird bis zu 30 cm lang und 2 cm breit; die einzelnen, sehr großen Ährchen sind in der Regel 3blütig. Deckspelzen unbegrannt und nur kurz zugespitzt.
S: Charakterart der Strandhafer-Gesellschaft auf Weißdünen, jedoch weniger verschüttungsfest als der Strandhafer selbst und daher nur gelegentlich zur Dünenbefestigung angepflanzt. Erträgt noch Versalzung.
V: Häufige Art der Dünen der Meeresküsten; Nordsee und Ostsee.

Strandhafer *Ammophila arenaria* (L.) Link Süßgräser *Poaceae*
B: Juni – Juli, 60 – 100 cm. – Typisches, ausdauerndes, graugrünes Gras mit reich verzweigtem, tiefreichendem Wurzelwerk. Die Blätter sind ziemlich schmal (bis 3 mm breit), fast kahl und glatt, meist eingerollt und daher borstlich pfriemlich aussehend. Sie stehen nicht so starr ab wie beim Strandroggen, sondern hängen leicht bogig über, so daß die Spitzen den Sand berühren. Die ansehnliche Ährenrispe ist sehr dicht und stets zusammengezogen. Sie wird selten länger als 15 cm.
S: Charakterart der Strandhafer-Gesellschaft, jedoch mit anderen ökologischen Ansprüchen als der Strandroggen: wenig salztolerant, dafür aber sehr übersandungsfest. Daher zur Festlegung von Dünen bis zu einer jährlichen Aufsandung von 30 – 50 cm hervorragend geeignet. Strandhaferpflanzungen dienen dem Küstenschutz und sollten nicht betreten werden!

Stranddistel *Eryngium maritimum* L. Doldengewächse *Apiaceae*
B: Juni – August, 20 – 70 cm. – Zweijährige bis ausdauernde, stattliche Dünenpflanze. Die Blätter sind lederig-derb, nierenförmig, buchtig oder lappig, am Rande dornig gezähnt. Grundblätter deutlich gestielt, Stengelblätter stengelumfassend. Die Hüllblätter der Dolde sind verkehrt-eiförmig bis 3lappig und überdecken sich mit ihren Rändern. Alle Teile der Pflanze weißlich, häufiger auch bläulich bereift oder bestäubt und dann von metallischem Aussehen. Die häufig amethystblauen Blüten„köpfe“ sind Dolden. Steht unter Naturschutz!
S: Meist am seeseitigen Abhang der Weißdünen.
V: Dünen atlantischer Küsten, Ostsee, im Bereich der Nordsee fast ausschließlich auf den Friesischen Inseln. An vielen Stellen (Sylt!) nahezu ausgerottet. Auch im Mittelmeergebiet.

Hornmohn *Glaucium flavum* Crantz Mohngewächse *Papaveraceae*
B: Juni – Juli, 30 – 70 cm. – Zwei- bis mehrjährige Pflanze mit blaubereiften, dikken, fiederteiligen Blättern, deren einzelne Fiedern gezähnt oder gelappt sind. An Stengeln und Blättern sehr zerstreut behaart. Die auffallenden, großen Einzelblüten tragen 4 gelbe Kronblätter. Die Frucht wird 15 – 25 cm lang und ist charakteristisch hornartig aufwärts gebogen.
S: Sandstellen an Küsten im Bereich von Vor- und Weißdünen, jedoch sehr unbeständig.
V: Atlantische Küsten, Belgien, Holland, Dänemark. Früher auch auf Helgoland. Gelegentlich auch im Binnenland. Im Mittelmeerraum häufiger.

Strand-Zaunwicke *Calystegia soldanella* (L.) R. et Sch. Windengewächse *Convolvulaceae*
B: Juni – August, 10 – 50 cm. – Ausdauernde Pflanze mit niederliegendem, kaum windendem Stengel, an dem dunkelgrün glänzende, nierenförmige, etwas fleischige, langstielige Blätter stehen. Die auffallenden hübschen Trichterblüten können bis zu 5 cm lang werden. Die verwachsenen Kronblätter sind rötlich gefärbt und tragen einen weißen Mittelstreifen. Die Blüten stehen einzeln in den Achseln der Blätter. Der eigentliche Kelch wird von zwei Vorblättern eingeschlossen und ist deshalb nicht sichtbar.
S: Sandige Standorte im Bereich der Weißdüne.
V: Atlantische Küsten; nirgends sehr häufig, aber zerstreut z. B. auf allen Nordseeinseln. Fehlt an der Ostsee. Ursprünglich wohl nur im Mittelmeergebiet.

Sand-Segge *Carex arenaria* L. Riedgrasgewächse *Cyperaceae*
B: Mai – Juni, 15 – 40 cm. – Charakteristischer Sandbewohner aus der Gruppe der gleichährigen Seggen mit kräftigem, dreikantigem Stengel und recht schmalen (3 – 4 mm breiten), rauhen Blättern, die meist eingerollt werden und daher rinnig erscheinen. Die einzelnen Ährchen stehen zu 6 – 16 in einer dichten, etwas überhängenden Rispe. An deren Spitze sitzen ausschließlich männliche, in der Mitte gemischtgeschlechtige und an der Basis nur weibliche Blüten. Die ausdauernde Pflanze bildet unterirdisch bis zu 10 m lange Ausläufer, die in regelmäßigen Abständen neue Pflanzen in geradlinigen Zeilen ausbilden (daher auch „Soldatensegge" genannt). Dient mit ihrem ausgedehnten Wurzelwerk der Dünenfestlegung. Auch in der Volksmedizin verwendet.
S: Sandige Standorte, Dünen, Flugsandfelder; auch in sandigen Heiden und Kiefernwäldern.
V: Dünen der Meeresküsten. Auch im Binnenland.

Silbergras *Corynephorus canescens* (L.) P. B. Süßgräser *Poaceae*
B: Juni – Juli, 10 – 30 cm. – Ausdauerndes Gras mit borstlichen, steifen, graugrünen Blättern, die in rötlichen Blattscheiden sitzen. Die Pflanzen stehen nie vereinzelt, sondern immer in dichten Rasen oder Horsten. Der rispige Blütenstand ist feinverzweigt, die Ährchen sind zweiblütig mit begrannter Deckspelze und deutlich gekielten Hüllspelzen. Die purpurnen Staubbeutel hängen zur Blütezeit weit aus der Blüte heraus. Nach der Blüte hellsilbrig-grau. Die Pflanze eignet sich vorzüglich zur Festlegung von Flugsandböden. Meist Erstbesiedler loser Sandböden.
S: Sandige Standorte, Heiden, Kiefernwälder, sehr oft auch auf Dünen zusammen mit der Sand-Segge. Kennart der Silbergras-Flur.
V: Sandstellen und Dünen der Meeresküsten. Auch an verschiedenen Fundorten des Binnenlandes, nach Süden jedoch abnehmend und seltener.

Berg-Sandglöckchen *Jasione montana* L. Glockenblumengewächse *Campanulaceae*
B: Juni – August, 15 – 30 cm. – Einjährig-überwinternde oder zweijährige Pflanze ohne Ausläufer, mit schmal-lanzettlichen, ganzrandigen, rauhhaarigen Blättern, die am Rande leicht wellig geschweift sind. Stengel aufrecht oder niederliegend. Die röhrigen Blüten sind meist blau, gelegentlich auch rötlich oder weiß, und stehen dichtgedrängt in 1,5 – 2,5 cm breiten, endständigen Köpfchen zusammen. Kalkmeidend.
S: Sandige, warme Standorte wie Dünen (Graudünen) und Kiefernwälder.
V: Verbreitete Art auf den Dünen der Ost- und Nordsee. Auch im Binnenland.

Weißdünen/Graudünen

Dünen-Stiefmütterchen *Viola tricolor* L. Veilchengewächse *Violaceae*
B: Mai – Oktober, 7 – 30 cm. – Sehr formenreiche, ein- bis mehrjährige Art mit wechselständigen, länglich eiförmigen Blättern, die einen gekerbten Blattrand aufweisen. Die Nebenblätter sind verhältnismäßig groß, tief-fiederspaltig, mit einem meist längeren, gekerbten Endzipfel. Die Blüten stehen einzeln auf längeren Stielen am ästigen Stengel und sind entweder gelblich-weiß, hellviolett oder auch dreifarbig. Die seitlichen (= mittleren) Kronblätter weisen stets nach oben und überdecken mit ihren Rändern die oberen beiden Kronblätter. Blüte etwa 1,5 – 2,5 cm breit.
S: Begleitart auf sandigen Standorten, gelegentlich zusammen mit dem Dünen-Veilchen *(Viola canina)* auf Weiß- und Graudünen.
V: Dünen der Küstengebiete. Oft auch im Binnenland auf Äckern oder Wiesen.

Sand-Thymian *Thymus serpyllum* L. Lippenblütler *Lamiaceae*
B: Mai – Oktober, 5 – 25 cm. – Außerordentlich formenreiche, ausdauernde Pflanze mit flachen, ganzrandigen, festen Blättern. Unterseits kahl, kreuzgegenständig am niederliegenden oder schwach aufsteigenden Stengel. Der Stengel ist rundlich oder schwach vierkantig und am Grunde etwas verholzt, ringsum mit kurzen oder (auf den jeweils gegenüberliegenden Seiten) auch längeren Haaren besetzt. Die kleinen hell- bis tiefpurpurnen Lippenblüten sitzen zu 3 – 6 dichtgedrängt in den Blattachseln. Die Pflanze riecht beim Zerreiben stark aromatisch. Alte Heilpflanze.
S: Trockenwarme Standorte: Sandfluren, Triften, Wegränder, Dünen (Weißdünen oder Graudünen).
V: Meeresküsten, Dünen der Nord- und Ostsee, Inseln. Auch im Binnenland anzutreffen.

Strand-Platterbse *Lathyrus maritimus* (L.) Bigel. Schmetterlingsblütler *Fabaceae*
B: Juni – August, 15 – 50 cm. – Auffallende, ausdauernde Pflanze mit graugrünem Stengel, von dem am Grunde zahlreiche unterirdische Ausläufer ausgehen. Die Blätter sind paarig gefiedert mit 2 – 4 Fiederpaaren, die am Blattende auch als Blattranken ausgebildet sein können. Nebenblätter am Grunde in zwei rückwärtsweisende Zipfel verlängert und daher von pfeilförmigem Aussehen. Die Blüten sind auffallend rotbunt: die Fahnen purpurrot, Flügel und Schiffchen meist etwas heller rot. Zu mehreren auf verlängertem Stengel in traubigen Blütenständen. In den Wurzeln leben als Symbionten Knöllchenbakterien, die den Luftstickstoff binden und für die übrigen Pflanzen des Standorts verfügbar machen können.
S: Weißdünen im Bereich der Hochstauden von Strandhafer und Strandroggen.
V: Nur im Küstenbereich: Dünen der Inseln und an den Stränden von Nord- und Ostsee.

Mauerpfeffer *Sedum acre* L. Dickblattgewächse *Crassulaceae*
B: Juni – Juli, 5 – 15 cm. – Formenreiche, ausdauernde Pflanze mit zahlreichen kleinen (etwa 4 mm langen), dickfleischigen, dreieckig-eiförmigen Blättern ohne Stachelspitze. Der Stengel kriecht oder wird etwas aufwärts gerichtet. Die goldgelben Kronblätter der 5zähligen Blüte werden bis 7 mm lang und stehen meist waagerecht ab. Blüten zu wenigblütigen Trugdolden zusammengefaßt. Der Name der Pflanze rührt vom scharfen Geschmack der Blätter her, die ein giftiges Alkaloid enthalten. Alte Arzneipflanze.
S: Sonnig-trockene Standorte von der Ebene bis zum Gebirge. Im Bereich der Meeresküsten vorwiegend auf Graudünen, gelegentlich sogar am Spülsaum zusammen mit der Salzmiere *(Honkenya peploides)*.
V: Dünengebiete der Nord- und Ostsee, trockene Raine, Mauern und Felsen des Binnenlandes.

Dünen-Veilchen *Viola canina* L. Veilchengewächse *Violaceae*
B: Mai – Juni, 5 – 20 cm. – Ausdauernde Pflanze mit dicklichen, dunkelgrünen, langgestielten Blättern von länglich-eiförmiger Gestalt; Blattrand gekerbt, Blattumriß fast dreieckig, grundständige Blätter fehlen. Die schmal-lanzettlichen Nebenblätter sind einfach, gewöhnlich etwas gefranst, sehr klein und wenig auffallend. Stengel meist kahl, mitunter aber auch schwach behaart. Die beiden seitlichen (mittleren) Kronblätter weisen immer abwärts. Die Blüte ist blauviolett, am Grunde etwas weißlich und bis 8 mm lang. Der Sporn ist wesentlich länger als die Kelchblattanhängsel und meist weiß oder gelblichweiß.
S: Kalkfliehende, verbreitete Art auf trocken-sandigen Standorten, mitunter gemeinsam mit dem Dünen-Stiefmütterchen *(Viola tricolor)* auf Weiß- und Graudünen.
V: Dünen der Küstengegend. Auch an Wegrändern, auf Triften oder in lichten Wäldern des Binnenlandes.

Kleiner Ampfer *Rumex acetosella* L. Knöterichgewächse *Polygonaceae*
B: Mai – August, 5 – 30 cm. – Ausdauernde, zweihäusige Art mit spießförmigen, lanzettlichen oder auch linealischen Blättern von graugrüner bis grasgrüner Färbung. Alle Blätter gestielt, bei den oberen jedoch undeutlicher Übergang der Blattspreite in den Blattstiel. Im Unterschied zu den säuerlich schmeckenden Blättern des echten Sauer-Ampfers *(Rumex acetosa)* zeigen die Blätter dieser Art mehr bitteren Geschmack. Die eingeschlechtigen Blüten werden von rötlichen Blütenhüllblättern umgeben, deren äußere stets aufrecht stehen. Innere Blütenhüllblätter immer ohne Schwielen. Blüten in lockeren, schlanken Rispen.
S: Kalkmeidende, häufige Art an sandigen Standorten. Leitet bereits zu den Heidegesellschaften der Dünen über.
V: Dünen der Küstengebiete an Nord- und Ostsee; Sandfelder und sandige Triften des Binnenlandes.

Gänse-Fingerkraut *Potentilla anserina* L. Rosengewächse *Rosaceae*
B: Mai – August, 5 – 50 cm. – Ausdauernde Pflanze mit kriechendem oder nur wenig aufsteigendem Stengel und zahlreichen Ausläufern. Die Blätter sind silbrig-seidenhaarig oder ganz kahl und vielpaarig, abwechselnd mit großen und kleinen Blättchen (unterbrochen) gefiedert. Blüten einzeln mit 5 goldgelben, bis 1 cm langen Kronblättern. Zahlreiche Staubblätter vorhanden.
S: Diese im Binnenland gemeine Art hat sich an den Meeresküsten einige besondere Biotope erobert und vom Spülsaum über Dünen bis zu den Strandwiesen ausgedehnte Verbreitungsräume geschaffen.
V: Küstenbereiche von Nord- und Ostsee. Im Binnenland an Wegrändern und auf Wiesen.

Reiherschnabel *Erodium cicutarium* (L.) L'Hér. Storchschnabelgewächse *Geraniaceae*
B: April – Oktober, 10 – 40 cm. – Formenreiche, einjährige oder überwinternd-einjährige Art mit niederliegendem, ausgebreitetem oder etwas aufsteigendem Stengel. Die Blätter sind unpaarig gefiedert, rauhhaarig und zusätzlich wenig drüsig behaart. Die Kronblätter der 5zähligen Blüte sind einfarbig hellpurpurn oder purpurn und etwa 5 – 7 mm lang, damit deutlich länger als die grünlichen Kelchblätter. Am Grunde tragen sie einen schwärzlichen Fleck. 3 – 10 Blüten stehen in einem traubigen Blütenstand zusammen. Die gesamte Pflanze kann rötlich überlaufen sein.
S: Der Reiherschnabel ist neben dem Gänse-Fingerkraut ein Beispiel für eine Pflanzenart, die neben ihrem Hauptvorkommen in den Unkrautgesellschaften von Kulturböden im Bereich der Dünen einen weiteren Lebensraum erobert.
V: Dünengebiete der Nord- und Ostsee. Im Binnenland auf Äckern und Triften.

Salz-Hornklee *Lotus tenuis* W. et K. Schmetterlingsblütler *Fabaceae*
B: Mai – September, 10 – 45 cm. – Kleinart aus der formenreichen und vielgestaltigen Sammelart Gemeiner Hornklee *(Lotus corniculatus).* Stengel niederliegend oder bogig aufsteigend. Die etwas dicklichen Fiederblättchen sind im Mittelabschnitt des Stengels linealisch bis lanzettlich. Die goldgelben, außen oft rötlich überlaufenen Schmetterlingsblüten werden 7 – 12 mm lang. Sie duften sehr angenehm und stehen zu 1 – 4 in doldigen Köpfchen zusammen.
S: Salzliebende Art. Zusammen mit weiteren Kleinarten (?) von der Weißdüne bis zum Übergang von Graudünen- und Heidegesellschaften. Auch auf Strandwiesen.
V: Nur in der Küstenregion: an Standorten der Nord- und Ostsee verbreitet bis sehr häufig.

Kriech-Weide *Salix repens* L. Weidengewächse *Salicaceae*
B: April – Mai, 20 – 100 cm. – Formenreicher Strauch (Zwergstrauch) mit unterirdisch kriechendem Hauptstamm und niederliegenden oder bogig aufsteigenden, schlanken, dünnen, braunen Ästen. Blätter eiförmig bis linealisch-lanzettlich, bis 6 cm lang und 2 cm breit. Am Rande gelegentlich etwas umgerollt. Anfangs seidenhaarig, später zunehmend verkahlend. Die aufrechten, sitzenden, kugeligen Kätzchen erscheinen meist vor den Blättern. Die Griffel sind sehr kurz, die Narben gelb oder rötlich.
S: Dünentälchen, Dünenhänge (meist Leeseite!), feuchtere Sandstellen. Auffallendste Art der Graudünen.
V: Dünengebiete der Nord- und Ostsee. Auch in den Mooren des Binnenlandes.

Schwarze Krähenbeere *Empetrum nigrum* L. Krähenbeerengewächse *Empetraceae*
B: April – Mai, 10 – 45 cm. Heidekrautartiger, zweihäusiger Strauch mit flach ausgebreiteten, stärker verzweigten Ästen, die meist nur an den Spitzen etwas aufgerichtet werden. Junge Triebe rötlich überlaufen. Die Blätter sind nadelförmig, etwa 4 – 6 mm lang, wechsel- oder fast quirlständig, dabei sehr kurz gestielt und am Rande zurückgerollt. Unterseits ist ein weißer Kiel sichtbar. Die Blüten sind rötlich, seltener purpurn, und sitzen zu 1 – 3 in den Blattachseln. Die Frucht ist eine kugelige, schwarzglänzende, beerenartige Steinfrucht von geringem bis fadem Eigengeschmack.
S: Bereich der Braundünen-Heidegesellschaft in Dünentälern oder auf älteren Dünenzügen, hier mitunter die beherrschende Art.
V: Heidegebiete und Dünen des Küstenbereichs sehr häufig, im Hochgebirge (Alpen) zerstreut.

Gemeines Heidekraut *Calluna vulgaris* (L.) Hull. Heidekrautgewächse *Ericaceae*
B: Juli – Oktober, 10 – 50 cm. – Bestandsbildender Strauch mit ästigem, stark verzweigtem, niederliegendem oder aufgerichtetem Stamm und linealischen, dreikantigen, schuppenförmigen Blättern, die gegenständig angeordnet sind und sich in 4 Längszeilen dachziegelartig decken. Die kleinen Blätter zeigen auf der Oberseite eine deutliche Rinne und sind am Grunde in 2 pfriemenartige Öhrchen verlängert. Außer der hübschen, glockigen Blütenkrone ist auch der Blütenkelch rotlila ausgefärbt. Erst darauf folgt ein grüner Außenkelch. Die Blüten nicken ein wenig und stehen dicht in einseitswendigen Trauben.
S: Kalkmeidende Art an trockenen Standorten. An den Rändern der Dünenmoore und im Bereich der Heidegesellschaften auf Braundünen in großflächigen Beständen.
V: Heidegebiete im Küstenbereich. Auch im Binnenland verbreitet.

Berg-Wohlverleih *Arnica montana* L. Korbblütler *Asteraceae*
B: Juni – Juli, 20 – 50 cm. – Die 6 – 8 cm breiten, leuchtend orangegelben Blütenköpfe der Arnika bilden einen hübschen Kontrast zu den dunkelgrünen oder braungrünen Polstern z. B. der Krähenbeerenheide. Die Pflanze ist ausdauernd. Die meisten ihrer hellgrünen, derben, ganzrandigen Blätter sind zu einer grundständigen Rosette angeordnet. Am einfachen oder wenigästigen Stengel, der flaumig behaart ist, nur wenige, etwas kleinere Blätter. Alte Arzneipflanze. Geschützte Art!
S: Neben ihrem eigentlichen Verbreitungsgebiet im Bergland kommt diese Art auch im Bereich der atlantischen Heiden in Küstennähe vor. An den meisten Standorten gesellig und in größeren Trupps.
V: Braundünen an Nord- und Ostsee; an vielen Stellen (z. B. Kampener Heide auf Sylt) jedoch schon stark zurückgegangen. Sonst nur Alpen und südliche Mittelgebirge.

Aufrechtes Fingerkraut *Potentilla erecta* (L.) Raeusch Rosengewächse *Rosaceae*
B: Juni – August, 15 – 30 cm. – Ausdauernde Pflanze mit niederliegendem oder aufsteigendem, ästigem Stengel, der an den Knoten jedoch nicht wurzelt. Unterirdisch wächst ein kriechender Wurzelstock, der im Querschnitt blaßrote Färbung zeigt und der Pflanze auch den Namen Blutwurz eintrug. Die Blätter sind meist 3zählig gefingert. Endfiedern keilförmig und ziemlich grob gezähnt. Nebenblätter der Stengelblätter fingerförmig eingeschnitten. Alle Blätter sitzend oder sehr kurz gestielt. Die leuchtend gelben Blüten weisen nur 4 Kronblätter auf, die kaum länger als die 4 grünen Kelchblätter sind.
S: Auf wechselfeuchten Böden. Heidegesellschaften der Braundünen. Auch in lichten Wäldern.
V: Dünengebiete der Küstenregion. Im Binnenland verbreitet.

Englischer Ginster *Genista anglica* L. Schmetterlingsblütler *Fabaceae*
B: Mai – Juni, 10 – 60 cm. – Kleiner Strauch mit ästigem, niederliegendem bis aufsteigendem oder auch aufrechtem Stamm. Alle Teile der Pflanze sind kahl. An Stamm und Ästen besonders im unteren Teil zahlreiche Dornen. Die graugrünen Blätter sind linealisch-länglich an den blühenden, oval an den nichtblühenden Ästen. Nebenblätter fehlen. Die goldgelben Schmetterlingsblüten stehen in kurzen, dichten, zweigendständigen Trauben zusammen. Kalkmeidende Art.
S: Heiden und trockene Wälder auf Sand- und Torfböden. Gelegentlich massenhaft auftretend.
V: Atlantische Heiden der Dünengebiete im Küstenbereich. Im Binnenland nur sehr zerstreut.

Dünen-Rose *Rosa pimpinellifolia* L. Rosengewächse *Rosaceae*
B: Mai – Juni, 10 – 70 cm. – Zur Blütezeit sehr auffallender Strauch mit dünnen, bogigen, dicht, aber ungleich bestachelten Zweigen (keine Dornen!). Die dunkelgrünen, kahlen Blätter sind unpaarig gefiedert. Jede der 7 – 9 Fiedern ist eiförmig oder rundlich und am Rande einfach oder doppelt gesägt, dabei bemerkenswert klein. Die Blüten sind im Verhältnis zur Größe des Strauches recht groß: sie werden bis über 4 cm breit. Sie sind entweder reinweiß oder leicht rötlich überlaufen. Sie stehen einzeln an den Zweigenden auf kurzen Stielen. Frucht eine schwarze oder schwarzrote Hagebutte. Eine der schönsten Pflanzen der Dünen.
S: Trockene Standorte: meist Kämme der Braundünen.
V: Verbreitet in den Dünen der Nordseeküste und der vorgelagerten Inseln. Sehr selten auch im Binnenland (z. B. Rheintal und seine Nebentäler).

Kartoffel-Rose *Rosa rugosa* Thunb. Rosengewächse *Rosaceae*
B: Juni – August, 50 – 150 cm. – Strauch mit dichtverzweigten, dichtstachelborstigen Zweigen. Einzelne Stacheln gerade und ziemlich lang. Die dunkelgrünen Blätter sind unpaarig gefiedert; die 5 – 9 Teilblätter sind etwas runzlig, meist grob gesägt, auf der Unterseite graugrün und dichter behaart. Die Blüten sind sehr groß und messen bis 7 oder 8 cm Breite. Kronblätter dunkelrosa bis weißlich, selten auch ganz weiß, am Vorderrand herzförmig ausgerandet. Kelchblätter ganzrandig. Frucht eine große, kugelige, rote Hagebutte von angenehmem Geschmack.
S: Meist angepflanzter Zierstrauch (z. B. „Friesenwälle") um die Wohnhäuser auf den Friesischen Inseln. Vielfach jedoch bereits verwildert und im Dünengebiet anzutreffen.
V: Ursprünglich in Ostasien.

Gemeiner Sanddorn *Hippophae rhamnoides* L. Ölweidengewächse *Elaeagnaceae*
B: März – Mai, 50 – 400 cm. – Zweihäusiger Strauch oder kleiner Baum mit aufrechten, stark ästigen, dunkelgrau berindeten und sehr dornigen Zweigen, insgesamt von sparrigem Aussehen. Blätter kurzgestielt, schmal-linealisch, stumpf oder wenig zugespitzt und auf der Oberseite graugrün, unterseits aber auffallend silbrig weiß. Die eingeschlechtigen Blüten stehen in kurzen, sehr dichten Ähren. Die Früchte sind orangerot oder gelb und steinfruchtartig: die fleischigen, recht vitaminreichen Anteile liefert die Kronröhre.
S: Dünengebiete der Küsten und Flußschotter der Gebirge. Ähnlich anderen Meerespflanzen (Krähenbeere) mit zwei Verbreitungsschwerpunkten.
V: Dünengebiete der Nord- und Ostsee. Alpen und Alpenvorland. Sonst sehr selten und meist nur angepflanzt.

Echtes Labkraut *Galium verum* L. Rötegewächse *Rubiaceae*
B: Mai – September, 20 – 50 cm. – Formenreiche, ausdauernde Pflanze mit aufrechtem oder aufsteigendem, stumpf-kantigem oder rundlichem Stengel. Die schmal-linealischen, stachelspitzigen Blätter sitzen zu 8 – 12 in Quirlen. Diese nadelblattartigen Gebilde erreichen knapp 1 mm Breite und sind oberseits dunkelgrün bis blaugrün, unterseits weichhaarig-weißlich. Blüten stark duftend, zitronengelb, mit 4 Kronzipfeln. Zahlreich in endständigen, dichtblütigen Rispen.
S: Trocken-warme Standorte in den Dünen (Braundüne, mitunter auch Graudünen). Sonst Wegränder und lichte Wälder.
V: Verbreitete Art in den Dünengebieten an Nord- und Ostsee und im Binnenland.

Lungen-Enzian *Gentiana pneumonanthe* L. Enziangewächse *Gentianaceae*
B: Juli – September, 10 – 40 cm. – Diese ausdauernde, großblumige Enzianart besitzt keine grundständige Blattrosette, dafür einen beblätterten, wenigästigen Stengel. Die einzelnen Blätter sitzen dem aufrechten Stengel ungestielt auf, sind schmal-linealisch oder etwas lanzettlich, gegenständig, und lassen meist nur einen deutlichen Blattnerven erkennen. Die trichterförmige Kronröhre weist innen und außen 5 grünliche Streifen auf. Kronzipfel ungefranst. Blüten einzeln und endständig, mitunter aber auch in den Achseln der Stengelblätter. Geschützte Art!
S: Der Lungen-Enzian kommt in Flach- oder Hochmooren, in lichten Wäldern oder auch in Heidegesellschaften vor.
V: Zerstreute bis seltene Art in den Heideflächen der Dünen im Küstenbereich, aber nirgendwo ganz fehlend. Sonst in den Moorgebieten Nord- und Süddeutschlands.

Gemeine Glockenheide *Erica tetralix* L. Heidekrautgewächse *Ericaceae*
B: Juni – September, 10 – 50 cm. – Strauch mit meist aufrechten, rauhhaarigen Ästen, deren junge Zweige auffallend graufilzig sind. Die nadelförmigen Blättchen sind am Rande abwärts gerollt, steifhaarig gewimpert und an der Spitze stumpf. Sie stehen in 3 – 4zähligen Scheinquirlen. Die glockig-krugförmige Krone schließt die Staubblätter vollständig ein und ist entweder weißlich oder rosa, gelegentlich auch fleischrot gefärbt. Alle Blüten am Ende der Zweige in doldigen Köpfchen.
S: Dünenmoore, Sohle von Dünentälchen und moorige Heiden.
V: Häufig in den Mooren und Heidegesellschaften der Küste. Gelegentlich im Binnenland.
U: Auf etwas trockeneren Standorten kommt im Bereich Westeuropas (Holland, Belgien, Frankreich) außerdem die Graue Glockenheide *(Erica cinerea)* vor, die sich durch kahle und stachelspitzige Nadelblättchen unterscheidet.

Rauschbeere, Trunkelbeere *Vaccinium uliginosum* L. Heidekrautgewächse *Ericaceae*
B: Mai – Juli, 30 – 80 cm. – Strauch mit aufsteigenden, stielrunden, meist bräunlichen Zweigen, die anfangs noch behaart sind, später jedoch verkahlend. Die Blätter sind ganzrandig, verkehrt-eiförmig, stumpf, am Rande etwas zurückgeschlagen, oberseits mattgrün, unterseits blaugrün und stark netznervig. Die 4 – 5 Zipfel der glockigen, krugförmigen Blütenkrone werden nach außen umgerollt. Die Früchte sind schwarze Beeren von fadem Geschmack.
S: Dünenmoore in Dünentälchen sowie moorige Heiden.
V: Dünen der Küstengegenden. Auch im Mittelgebirge oder in den Alpen.

Moosbeere *Oxycoccus palustris* Pers. Heidekrautgewächse *Ericaceae*
B: Mai – August, 15 – 80 cm. – Zwergstrauch mit langem, kriechendem Stamm und fädigen, dünnen Ästen. Die Blättchen werden etwa 3 – 10 mm lang, sind eiförmig zugespitzt, am Rande umgerollt, auf der Unterseite hell-weißgrau, auf der Oberseite dagegen glänzend-dunkelgrün. Die zierliche hellpurpurne oder weißliche Krone ist bei dieser Art nicht glockig wie bei den verwandten Formen, sondern tief 4teilig-radförmig: die Kronblattzipfel werden weit zurückgeschlagen. Die Blüten sitzen einzeln auf langen Stielchen in zweigendständigen Dolden. Die roten Beerenfrüchte erreichen 15 mm Durchmesser.
S: Dünenmoore, Torfmoore, Hochmoore, meist in größeren Beständen.
V: Dünen der Küstengegenden. Im Binnenland sehr selten.
U: An einigen Stellen der Nordfriesischen Inseln (z. B. Föhr) kommt auch die Großfrüchtige Moosbeere *(Oxycoccus macrocarpa)* mit stumpfen Blättern und Früchten bis 20 mm Durchmesser vor.

Rundblättriger Sonnentau *Drosera rotundifolia* L. Sonnentaugewächse *Droseraceae*
B: Juni – August, 3 – 10 cm. – Zierliche, ausdauernde Moorpflanze mit langgestielten, kreisrunden Blättern. Die einzelnen Blätter sind mit zahlreichen reizbaren Tentakeln besetzt, die an ihren kopfigen Enden ein klares, klebriges Sekret absondern – Einrichtungen zum Fangen und Verdauen von Insekten. Die Fangblätter sind rosettig angeordnet und liegen dem Boden auf. Blüten weißlich, in wenigblütigem Wickel am Ende eines langen Stiels. Geschützte Art!
S: Moorböden der Dünenmoore. An den wenigen Standorten gelegentlich in größerer Anzahl.
V: Dünenmoore im Küstenbereich. Auch Hoch- und Flachmoore im Binnenland.

Gemeiner Moorbärlapp *Lycopodiella inundata* (L.) Holub. Bärlappgewächse *Lycopodiaceae*
B: Sporen von August – Oktober, 2 – 10 cm. – Ausdauernder Bärlapp mit ziemlich kurzem, kriechendem Sproß von gelbgrüner bis hellgrüner Färbung, der sich allmählich aufrichtet und in einer vom übrigen Sproßbereich nur sehr undeutlich abgesetzten Sporangienähre endet. In diesen fertilen Abschnitten wird der Sproß ein wenig breiter. Die einzelnen Blätter sind schmal-linealisch und etwas zugespitzt; sie stehen an der Sproßachse in spiraligen Wendeln und sind leicht aufwärts gebogen. Geschützte Art!
S: Nackter Moorboden am Grund von Dünentälchen.
V: Dünenmoore im Küstenbereich; an mehreren Stellen z. B. der nordfriesischen Inseln (Sylt, Amrum, Föhr). Auch in Mooren des Binnenlandes.

Sumpfwurz *Epipactis palustris* (L.) Crantz Orchideengewächse *Orchidaceae*
B: Juni – August, 20 – 50 cm. – Auffallende Pflanze mit kräftigem Stengel und aufrechten, länglichen, mattgrünen Blättern am unteren Teil. Die leicht nickenden Blüten sind ohne Sporn, bis 2 cm groß und zu 6 – 12 zu einer lockeren Traube zusammengefaßt. Die Kelchblätter sind rötlichbraun, etwas zugespitzt und von gleicher Gestalt, die Kronblätter dagegen breiter, rundlicher, weißlich mit roter Aderung. Die eigentliche Lippe ist reinweiß. Geschützte Art!
S: In Dünentälern, an Seeufern, auf nassen Wiesen und Heideböden.
V: Verhältnismäßig seltene Art der Dünen. Dünengebiete der Nord- und Ostsee. Im Bereich der Nordfriesischen Inseln keine Standorte (mehr) bekannt.

Strandvanille *Epipactis atrorubens* (Hoffm.) Schult. Orchideengewächse *Orchidaceae*
B: Juni – August, 30 – 60 cm. – Ausdauernde stattliche Pflanze mit oft kurvig gebogenem Stengel und breiten, länglichen, zugespitzten, etwas steifen Blättern, die zuweilen rötlich überlaufen sind. Die einzelnen Blüten werden bis zu 12 mm lang; sie sind spornlos und haben purpurviolette bis rotbraune Kelch- und Kronblätter, die breit-eiförmig und vorne zugespitzt sind. Die eigentliche Lippe ist ziemlich kurz. Blüten zu mehreren in lockerer Traube. Die „Strandvanille“ gibt einen starken Vanilleduft ab, der ihre Bestäuber anlockt. Geschützte Art!
S: Dünentäler und Heidegebiete. Auch in lichten Kiefernbeständen.
V: Dünengebiete vor allem im Bereich der Ostsee (Rügen, Hiddensee, Usedom). Im übrigen Gebiet und im Binnenland sehr selten.

Sumpf-Weichwurz *Hammarbya paludosa* (L.) Kuntze Orchideengewächse *Orchidaceae*
B: Juli – August, 5 – 20 cm. – Unscheinbare, oft übersehene, aber interessante Moororchidee mit gelbgrünem Stengel und ebenso gefärbten, eiförmigen Laubblättern, an deren oberem Rand sich mitunter Brutknospen bilden. Die zahlreichen kleinen, bis etwa 8 mm großen Blüten sind spornlos. Ihre Farbe ist ebenfalls gelbgrün. Die äußeren Blütenblätter sind zugespitzt und von dreieckigem Umriß, die inneren wesentlich schmaler und auffallend nach rückwärts geschlagen. Die gesamte Blüte ist auf ihrem Stielchen um 360° gedreht, so daß sie insgesamt wieder richtig orientiert ist. Die Blütenstände sind dichtgedrängt-vielblütig.
S: Moospolster in Mooren der Dünentälchen. Moorschlenken der Hochmoore.
V: Nach Norden zu häufiger: Dünenmoore der Küsten, z. B. der Nordfriesischen Inseln. Auch in Frankreich, Belgien, Holland, Dänemark. Im Süden sehr selten.

Vom Schlickwatt zur Salzwiese

Im Bereich der Nordsee erstreckt sich vor allem auf der Landseite der West-, Ost- und Nordfriesischen Inseln mit einer durchschnittlichen Breite von mehr als 10 km ein Lebensraum, der sich in seinen Besonderheiten grundlegend von der Sandküste unterscheidet: das Watt kennzeichnet den amphibischen Streifen zwischen den Springtidenhochwasser- und Springtidenniedrigwassermarken – ein Bereich mit ständigem Wechsel von Trockenfallen und Überflutung im Gezeitenrhythmus, in dem sich die Grenze zwischen Land und Meer nicht eindeutig festlegen läßt. Der Wattboden besteht nicht nur aus Sand, sondern zusätzlich auch aus Schluff, Ton, Muschelschill und feiner organischer Substanz in unterschiedlichen Mengenanteilen. Das Watt ist ungeheuer nährstoffreich und bietet zahlreichen Lebensgemeinschaften Raum. Die Lebensbedingungen können recht unterschiedlich sein, da höhere Verebnungsflächen und Systeme von Prielen und Tiefs, in denen sich der Gezeitenstrom bewegt, miteinander abwechseln.

Seegraswiesen
Im Schlickwatt beginnt die Besiedlung durch Meerespflanzen im Unterschied zur Sandküste auch schon in der Zone unterhalb der SpNW-Linie. Dort siedelt eine sehr artenarme, aber recht individuenreiche Pflanzengesellschaft, die nur aus 1 – 2 Pflanzenarten besteht: die Seegraswiese. Die Seegräser (*Zostera*-Arten) sind die einzigen höheren, bedecktsamigen Pflanzenarten Mitteleuropas, die echte Meeresbewohner sind und mehr oder weniger ständig untergetaucht leben, jedenfalls nur selten trockenfallen. Die jährliche Gesamtproduktion der Seegraswiesen ist erstaunlich hoch und übertrifft im allgemeinen die Ertragsleistungen der Wirtschaftswiesen des Festlandes. Als dichtwüchsige Rasen sind die Seegräser auch die ersten Sedimentfänger, die die allmähliche Aufhöhung des Wattbodens einleiten.

Schlickgras-Horste
Oberhalb der Seegraswiesen siedelt eine bemerkenswerte Pflanzengemeinschaft, die an der englischen und französischen Küste in dichten, gürtelartigen Beständen bis 100 cm unterhalb der mittleren Hochwasserlinie (MHW-Linie) vorkommt, im Bereich der Nordsee (Holland, Deutschland) aber nur bis höchstens 40 cm unter diese Linie reicht. Die ursprünglich für eine Beschleunigung der Landgewinnung eigens angesiedelte Art hat sich als wirtschaftlich wenig vorteilhaft erwiesen. Sie vermehrt sich unkontrolliert und verdrängt stellenweise die bodenständigen Arten.

Quellerwatt
Im wechselweise trockenfallenden und überfluteten Bereich des Watts trifft man häufig auf die auffallende Pflanzengesellschaft der Quellerflur. Seewärts finden sich meist nur zerstreut wachsende Einzelpflanzen, landwärts schließen sie sich zu dichteren Beständen zusammen, die gegen die nachfolgenden Gesellschaften der Salzwiesen fast immer eine scharfe Grenze bilden. Die Pflanzen dieser formenreichen Sammelart sind wichtige und leistungsfähige Pioniere bei der Anschlickung des vom Flutstrom herangetragenen absatzfähigen Materials.

Andelrasen
Im Bereich zwischen MHW-Linie und SpHW-Linie kann erstmals eine echte Landpflanze Fuß fassen: der Andel, ein ausdauerndes, überflutungsfestes Gras, ist ebenfalls ein wertvoller Schlickfänger, der den Wattboden über das Niveau der MHW-Linie hinaus aufschlickt. Mit dem Andelrasen geht das Watt lückenlos in die Marsch über. Landwärts folgt auf diese etwas eintönige Pflanzengesellschaft eine sehr farbenfrohe und blütenreiche Salzwiese, die Strandnelkenwiese, die gelegentlich aber noch von Sturmfluten erreicht werden kann.

Schlickwatt

Echtes Seegras *Zostera marina* L. Seegrasgewächse *Zosteraceae*
B: Juni – September, 30 – 100 cm. – Formenreiche, ausdauernde Pflanze mit schmal-linealischen, grasartigen, flutenden Blättern, die stets 3nervig und an der Spitze abgerundet sind. Breite etwa 3 – 9 mm. Blattscheiden geschlossen und nicht geöhrt. Blüten in ährigen Blütenständen und sehr einfach organisiert: die Blütenhülle fehlt, je 1 Staubblatt und 1 Fruchtblatt bilden das Inventar einer einzigen Blüte. Pollen fadenförmig, Anpassung an die Bestäubung durch das fließende Wasser.
S: Charakterart der unterseeischen Seegraswiesen, die meist ausgedehnte Bestände bilden. Bis 10 m Wassertiefe. Die fischereibiologisch (Laichplätze!) bedeutsamen weitflächigen Seegraswiesen des Nordseeraums wurden in der Vergangenheit von einer Pilzkrankheit stark dezimiert. In jüngerer Zeit scheinen sich die Bestände wieder etwas zu erholen. Früher als Polster- und Düngematerial oder auch zum Dachdecken (Dänemark) verwendet.
V: Atlantische Küsten. Schlickwatten der Nord- und Ostsee.
U: Von den Unterarten ist erwähnenswert *Zostera marina* ssp. *angustifolia* mit 3nervigen, 1,5 – 2 mm breiten und 50 cm langen Blättern. Vorkommen in der Nordsee (z. B. Norderney) und in der Ostsee.

Zwerg-Seegras *Zostera noltii* Hornem. (*Z. nana* Roth) Seegrasgewächse *Zosteraceae*
B: Juni – August, 20 – 40 cm. – Ausdauernde, grasartige, untergetauchte Meerespflanze mit sehr schmalen (etwa 1 mm breiten), flutenden Blättern. Blüten sehr einfach, zu mehreren zweireihig auf einer Seite einer abgeflachten Achse, die zur Blütezeit von einer Blütenscheide umschlossen ist. Pollen fadenförmig. Fließwasserbestäubung.
S: Charakterart der Zwerg-Seegraswiesen im Flachwasserbereich bis etwa 1 m Wassertiefe. Fallen bei Ebbe nicht trocken. Früher als Polster- und Düngematerial verwendet. Oft als Angespül.
V: Schlickwatten der Nord- und Ostsee. Auch im Mittelmeer (Adria).

Schlickgras *Spartina townsendii* H. et I. Groves Süßgräser *Poaceae*
B: Juli – August, 30 – 80(– 150)cm. – Kräftiges, ausdauerndes Gras mit graugrünen, flachen, starr abstehenden Blättern von 5 – 8 mm Breite. Blattnerven deutlich hervortretend. Die 10 – 25 cm langen Blütenstände bestehen aus 3 – 5 (oder mehr) Ähren, die einander sehr genähert sind. Ährchen 10 – 15 mm lang. Die Art entstand um 1870 spontan an der südenglischen Küste aus der 1807 aus Nordamerika eingeschleppten *Spartina alterniflora* und der bodenständigen *Spartina maritima.*
S: Pionierpflanze im stark salzhaltigen Schlick. Der zunächst nur an der englischen und französischen Kanalküste verbreitete Bastard wurde 1927 in 12 000 Exemplaren auch an der holsteinischen Küste zur Anschlickung angepflanzt.
V: Atlantische Küsten, Wattgebiete der Nordsee.

Strandsimse *Bolboschoenus maritimus* (L.) Palla Riedgrasgewächse *Cyperaceae*
B: Juni – August, 30 – 100 cm. – Ausdauernde Pflanze mit scharf dreikantigem, rauhem Stengel, linealischen Blättern und unterirdisch kriechendem Wurzelstock, der an der Spitze gedrungene, knolligverdickte Ausläufer treibt. Ährchen braun, vielblütig, 1 – 2 cm lang, mit zwittrigen Blüten, zu einer Doldenrispe zusammengezogen, und von wenigen Tragblättern überragt. Der Stengel ist durchgehend mit Mark gefüllt.
S: Die Strandsimse ist kein eigentlicher Meeresbewohner, aber ungewöhnlich salzfest und daher in Brackwassergebieten (Flußmündungen) ein ausgezeichneter Schlickfänger. Überflutungsfest. Charakterart der Röhrichtgesellschaften.
V: Schlickwatten der Nord- und Ostsee. Weltweit verbreitet.

Queller *Salicornia europaea* L. Gänsefußgewächse *Chenopodiaceae* (oben links und oben rechts)
B: August – Oktober, 5 – 30 cm. – Charakteristische, einjährige Pflanze. Äußerst formenreiche Art mit zahlreichen Kleinarten. Zwei nach Wuchsform und Aussehen recht unterschiedliche Varietäten sind in den beiden Abbildungen dargestellt. Der Stengel ist entweder flach-niederliegend bis bogig aufsteigend oder steif-aufrecht. Durch regelmäßige Einschnürungen gelenkig gegliedert und entweder einfach oder (häufiger) quirlig und armleuchterartig verzweigt. Die Blätter sind jeweils zu winzigen Schuppen zurückgebildet. Alle Teile der Pflanze sind dickfleischig und schmecken stark nach Salz. Die zwittrigen Blüten sind sehr klein und unscheinbar und nur nach mehrmaligem Hinsehen erkennbar: sie sind meist zu 3 in der Achsel eines sehr einfachen winzigen Tragblattes in die Vertiefungen der einzelnen Stengelglieder eingesenkt und bilden in ihrer Gesamtheit eine zapfenförmige Scheinähre. Die Bestäubung der Queller-Narben übernehmen nicht Insekten oder Wind: sie, erfolgt unter Wasser im Gezeitenstrom, in den die Pollen entlassen werden. Die Pflanzen sind blaugrün-grasgrün und zuweilen kräftig rötlich überlaufen.
Dickfleischigkeit (Sukkulenz) der einzelnen Pflanzenorgane steht offenbar im Zusammenhang mit dem hohen Salzgehalt des Bodens im Schlickwatt. Mit dem Wasser der Bodenlösung nehmen die Schlickwattpflanzen große Salzmengen auf und lagern es in Stengel und Blättern ab. Sofern der Salzhaushalt nicht über besondere salzabscheidende Drüsen reguliert werden kann, ist ein gewisser Ausgleich zu den steigenden Salzmengen in der Zunahme des Sukkulenzgrades möglich. Die alkalireiche Asche des Quellers wurde früher bei der Glasherstellung verwendet (Name: Glasschmalz!).
S: Charakterart der Quellerflur und Pionierpflanze im Anschluß an die Seegraswiesen. Wirtschaftlich wertvoll durch Anlandung von Schwebstoffen.
V: Häufige Art der Wattengebiete von Nord- und Ostsee. Im gesamten atlantischen Bereich. Auch an Salzstellen des Binnenlandes.

Strand-Sode *Suaeda maritima* (L.) Dum. Gänsefußgewächse *Chenopodiaceae*
B: Juli – September, 10 – 40 cm. – Formenreiche, einjährige Art mit niederliegendem Stengel. Blätter zahlreich, sitzend, schmal-linealisch, walzlich, mit stumpfer Spitze, etwa 5 – 10 mm lang. Die unscheinbaren, 5zähligen Blüten zu 2 – 3 in den Blattachseln. Die Pflanze ist kahl, graugrün, zuweilen auch rötlich überlaufen oder sogar kräftig rot gefärbt. Alle Teile dickfleischig und salzhaltig. Bei dieser Art wird die Bestäubung von Insekten oder Wind besorgt. Früher zur Sodagewinnung verwendet.
S: Vereinzelt oder in dichten Beständen auf nassen, salzreichen Schlickböden. Im Marschvorland von der Quellerflur bis zur Salzwiese.
V: Wattengebiete der Nord- und Ostsee. Weltweit verbreitet. Auch im Bereich von Salinen und anderen Salzstandorten des Binnenlandes.

Andel, Strand-Salzschwaden *Puccinellia maritima* (Huds.) Parl. Süßgräser *Poaceae*
B: Juni – September, 3 – 40 cm. – Ausdauerndes, horstiges Gras, besonders im Spätsommer und Herbst mit ausläuferartig verlängerten nichtblühenden Halmen, die an den Knoten wurzeln. Stengel sonst aufrecht oder mehrfach geknickt. Blätter etwas fleischig verdickt, graugrün. Ährchen zierlich, 5 – 9blütig, bis 10 mm lang, in einseitswendigen Rispen. Rispenachsen glatt oder nur wenig rauh.
S: Charakterart des Andelrasens der Salzmarsch im Anschluß an das Quellerwatt. Überflutungsverträglich.
V: Atlantische Küsten. Salzwiesen der Küsten der Nordsee und der westlichen Ostsee.

Strand-Milchkraut *Glaux maritima* L. Primelgewächse *Primulaceae*
B: Mai – August, 3 – 15 cm. – Zierliche, ausdauernde Salzpflanze mit verhältnismäßig dickem, gedrungenem Stengel, der ausgebreitet kriecht und nur wenig aufsteigt. Die einzelnen, nur wenige Millimeter langen Blätter stehen kreuzgegenständig in vier Längszeilen am dichtblättrigen Stengel, sind spitz-oval, dickfleischig und auf der Oberseite etwas glänzend. Blüten sehr klein, ungestielt in den Achseln der Blätter sitzend. Kronblätter fehlen ihnen, dafür sind die 5 Kelchblätter kronblattartig ausgebildet und formen eine weiße oder leicht rötliche Blütenhülle, die sich vom Dunkelgrün der Pflanze hübsch abhebt. Alte Arzneipflanze.
S: Salzwiesen des Marschlandes. Im oberen Quellerwatt und im Andelrasen. Meist gesellig.
V: Atlantische Küsten. Salzwiesen der Nord- und Ostsee. Selten auch an Salzstellen des Binnenlandes.

Salz-Schuppenmiere *Spergularia salina* J. et C. Presl. *(Spergularia marina)* Nelkengewächse *Caryophyllaceae*
B: Mai – September, 5 – 20 cm. – Recht kleine, einjährige Pflanze mit dünnerem niederliegendem oder schwach aufgerichtetem Stengel. Die Blätter werden nur 5 – 8 mm lang und sind schmal-linealisch, stumpf und dickfleischig. Sie sind am Stengel gegenständig angebracht und stehen zumeist waagerecht ab. Die kleinen Blüten bestehen aus 5 grünen, drüsig behaarten Kelchblättern, die am Rande trockenhäutig sind und 5 verkehrt-eiförmigen Kronblättern, die am Grunde reinweiß, zum Außenrand hin tiefrosa gefärbt sind. Reife Samen ohne erkennbaren Hautsaum.
S: Auf offenen Stellen stark salzhaltiger Böden (z. B. nach dem Abplaggen des Andels) in der Salzmarsch.
V: Atlantische Küsten. Salzwiesen der Nord- und Ostsee. Im Binnenland nur an den Salzstandorten.
U: Häufig zusammen mit der sehr ähnlichen Flügelsamigen Schuppenmiere *(Spergularia media = Sp. marginata)*, deren reife Samen jedoch einen breiten Hautsaum tragen.

Strand-Dreizack *Triglochin maritimum* L. Dreizackgewächse *Juncaginaceae*
B: Juni – August, 15 – 50 cm. – Ausdauernde kräftige Salzpflanze aus einer wenig bekannten Pflanzenfamilie mit langen, sehr schmalen, linealischen Blättern in grundständiger Rosette. Erinnert im Aussehen etwas an Wegerich-Arten. Blüten an einem verlängerten, aufrechten Stiel in dichter, tragblattloser Traube. Sechszählige Zwitterblüten unscheinbar grünlich. Die Blütenhülle fehlt und wird durch sechs hüllblattähnliche Anhängsel der Staubblätter ersetzt. Fruchtknoten ebenfalls 6zählig, zerfällt in ebenso viele Teilfrüchte. Alle Teile der Pflanze sind dickfleischig. Beim Zerreiben auffallender Geruch nach Chlor.
S: Salzliebende Art an gelegentlich noch überfluteten Standorten wie Salzwiesen und Prielränder.
V: Strandwiesen der atlantischen Küsten. Nordsee, Ostsee, Inseln. Gelegentlich auch an den Salzstellen des Binnenlandes.

Strandflieder, Halligflieder *Limonium vulgare* Mill. Bleiwurzgewächse *Plumbaginaceae*
B: Juli – September, 15 – 50 cm. – Salzliebende, ausdauernde Art mit verzweigtem, aufrechtem Stengel und derben, lederigen, verkehrt-eiförmigen Blättern, diese hellgrün, ungeteilt, ganzrandig und vorne mit einer Stachelspitze. Sie sind wie alle Teile der Pflanze kahl. Die Kronen der hübschen 5zähligen Blüten sind violett bis blaßblau und nur in seltenen Fällen ganz weiß. Blütenstände als einseitswendige Doldenrispen, mit Hochblättern dicht bestanden. Auch Strandnelke, Widerstoß oder (im Friesischen) Bundesstave genannt.
S: Von den höheren Stellen des Andelrasens bis zur Grasnelkenwiese.
V: Nordseeküste, Friesische Inseln, Halligen. An der Ostseeküste nur bis Rügen. Stellenweise schon sehr zurückgegangen.

Strand-Beifuß, Strand-Wermut *Artemisia maritima* L. Korbblütler *Asteraceae*
B: September – Oktober, 30 – 60 cm. – Formenreiche, ausdauernde Salzpflanze mit aufrechtem, ästigem Stengel. Die zahlreichen Blätter sind mehrfach (2 – 3-fach) fiederteilig, mit länglich-linealischen, aber nicht zugespitzten Zipfeln, und tragen allseits eine dicht-weißfilzige Behaarung. Gelegentlich können die Blätter auch verkahlen. Die Einzelblüten mit ihren goldgelben Kronen stehen in länglichen, weißfilzigen Blütenköpfchen zusammen, diese in rispigen Blütenständen. Pflanze duftet stark aromatisch und erinnert an Wermut, mit dem sie nahe verwandt ist. Im Friesischen auch Nobbekrut genannt. Alte Arzneipflanze.
S: Salzliebende Art in dichten Beständen auf Salzwiesen oder an Priel- und Grabenrändern.
V: Atlantischer Bereich. Nordseeküste, Inseln, Halligen. An der Ostsee bis Stralsund. Gelegentlich auch an Salzstandorten des Binnenlandes.

Strand-Aster, Salz-Aster *Aster tripolium* L. Korbblütler *Asteraceae*
B: Juli – Oktober, 15 – 60 cm. – Auffallende, ausdauernde Salzpflanze mit aufrechtem, verzweigtem Stengel. Die Blätter sind ungeteilt, ganzrandig und etwas dickfleischig; die unteren gestielt, verkehrt-eiförmig, die oberen lanzettlich-linealisch und sitzend. Die hübschen, bunten Blütenköpfe bestehen aus blaßvioletten, 5 – 10 mm langen, eingeschlechtig-weiblichen Zungenblüten und goldgelben, zwittrigen Röhrenblüten. In seltenen Fällen können die randlichen Zungenblüten fehlen. Die Blütenstände sind traubig organisiert.
S: Bestandsbildend auf Salzwiesen oder am Rande von Salzwassergräben in der Gesellschaft des Strand-Beifuß.
V: Küsten der Nord- und Ostsee. Gelegentlich auch an den Salzstellen des Binnenlandes.

Strand-Salzmelde *Halimione portulacoides* (L.) Aellen Gänsefußgewächse *Chenopodiaceae*
B: Juli – September, 30 – 100 cm. – Kräftiger, ausdauernder Halbstrauch mit ästigen, ausgebreiteten oder bogig aufsteigenden, am Grunde verholzten Stengeln. Die graugrünen Blätter sind alle gegenständig, länglich bis verkehrt-eiförmig und kurzgestielt. Am Grunde stehen sie büschelig gedrängt. Blüten unscheinbar und grünlich. Fruchthülle bleibt ungestielt und an der Spitze mit drei gleich großen Lappen.
S: Salzpflanze der Strand-Beifußwiese. An den Beständen der englischen und französischen Küste finden sich am Grunde oft die schmutzig-braunroten Watten der vom Standort her ungewöhnlichen Rotalge *Bostrychia scorpioides.*
V: Atlantische Küsten. Salzmarschen an der Nordsee. Fehlt im Ostseeraum und im Binnenland.

Gebräuchliches Löffelkraut *Cochlearia officinalis* L. Kreuzblütler *Brassicaceae*
B: Mai – Juni, 10 – 30 cm. – Zwei- oder mehrjährige Pflanze mit niederliegendem oder aufsteigendem, verzweigtem Stengel. Grundblätter gestielt und rundlich-herzförmig, Stengelblätter (zumindest die obersten) deutlich geöhrt, herzförmig-stengelumfassend, grobgezähnt und ungestielt. Die weißen Kreuzblüten sind größer als beim Dänischen Löffelkraut und erreichen 8 – 10 mm Breite. Sie geben einen angenehm wohlriechenden Duft ab. Die vitaminreiche Pflanze wird mancherorts als Salatpflanze sehr geschätzt.
S: Ursprünglich nur auf Salzwiesen oder in Salzröhrichten. Verschiedentlich aber auch angepflanzt und verwildert.
V: Atlantische Küsten. Nordsee und westliche Ostsee. Vereinzelt auch im Binnenland.
U: Eine dritte Art (Englisches Löffelkraut, *Cochlearia anglica*) unterscheidet sich durch spatelig-keilförmigen Übergang der Blattspreite in den Blattstiel.

Strand-Grasnelke *Armeria maritima* (Mill.) Willd. Bleiwurzgewächse *Plumbaginaceae*
B: Mai – November, 5 – 50 cm. – Ausdauernde, sehr formenreiche Pflanze mit einfachen, aufrechten, unbeblätterten Stengeln. Die Blätter sind grasähnlich schmal-linealisch und zugespitzt. Sie werden 1 – 3 mm breit, sind einnervig, gelegentlich auch behaart, zu grundständigen Polstern oder Rosetten vereint. Blüten 5zählig, purpurn, blaßrot oder fast weißlich, zahlreich in lockeren Blütenköpfen, die von mehreren einfachen, kurzen Hüllblättern umgeben werden. Im Friesischen auch Kranzrusen genannt.
S: Die Standorte reichen von den Alpen über Sand- und Felsfluren, sowie Schwermetallhalden zu den Salzwiesen der Küste.
V: Meeresküsten, Nordsee, Friesische Inseln, Halligen. Im Ostseeraum zerstreuter.

Strand-Wegerich *Plantago maritima* L. Wegerichgewächse *Plantaginaceae*
B: Juni – Oktober, 5 – 40 cm. – Ausdauernde Salzpflanze mit unbeblättertem Stengel und dichtblättriger Grundblattrosette. Blätter ungeteilt, schmal-linealisch, dickfleischig, mit rinniger Oberseite. Schmecken sehr salzig. Die zwittrigen, 4zähligen Blüten sind unscheinbar grünlich-braun. Sie stehen an einem verlängerten Schaft in einer gedrungenen, walzenförmigen Ähre zusammen. Die Aufblühfolge beginnt an der Basis mit den weit vorgestreckten Narben. Wenig später folgen etagenweise die langstieligen, goldgelben Staubblätter. Die Bestäubung erfolgt durch Insekten oder Wind.
S: Salzliebende Art der Strandwiesen vom oberen Rand des Quellerwatts bis zur Strand-Beifußwiese.
V: Atlantische Küsten. Salzwiesen an Nord- und Ostsee.

Krähenfuß-Wegerich *Plantago coronopus* L. Wegerichgewächse *Plantaginaceae*
B: Juni – September, 2 – 25 cm. -- Überwinternde oder zweijährige Art mit bodenanliegender Rosette. Einzige Wegerichart mit einfach fiederspaltigen oder grobgezähnten Blättern, die mit kurzen, abstehenden Haaren besetzt sind. Die zwittrigen Blüten stehen in länglich-ovalen Köpfchen auf bogig aufsteigenden Stengeln. Die Zipfel der 4zähligen Krone sind hell-weißlich mit einem braunen Mittelstreif.
S: Salztolerante Art auf offenen, wechselfeuchten, salzhaltigen Sand- und Tonböden. Sandige Stellen in Salzwiesen und an Salzwassergräben. Gelegentlich auch in den Dünen.
V: Atlantische Küsten. Salzpflanzengesellschaften der Nord- und Ostsee. Auch im Binnenland an Salzstandorten.

Strand-Tausendgüldenkraut *Centaurium vulgare* Rafn. Enziangewächse *Gentianaceae*
B: Juli – September, 3 – 20 cm. – Häufig übersehene, einjährige, zierliche und recht formenreiche Pflanze mit grundständiger Blattrosette und aufrechtem Stengel, der sich aber erst in der oberen Hälfte verzweigt. Stengelblätter schmallinealisch bis länglich-linealisch und meist 3nervig, rosettige Grundblätter dagegen mehr spatelig und bis 5 mm breit. Der Kelch der 5zähligen Blüte ist etwa so lang wie die Kronröhre. Die nicht verwachsenen Teile der rötlichen Kronblätter stehen waagerecht ab, wenn die Blüten geöffnet werden (nur bei vollem Sonnenschein!). Der ästige Blütenstand trägt die Blüten auf verschiedenen Ebenen, nicht trugdoldig organisiert.
S: Verbreitete Salzpflanze in Strand- und Außendeichwiesen vom Andelrasen ab landeinwärts. Bei intensiver Beweidung ähnlich wie die meisten übrigen Pflanzen der Salzwiesen sehr kurzstengelig.
V: Salzwiesen an Nord- und Ostsee. Gelegentlich auch an den Salzstellen des Binnenlandes.
U: Leicht verwechselbar mit den formenreichen Arten Zierliches Tausendgüldenkraut *(Centaurium pulchellum)* und Echtes Tausendgüldenkraut *(Centaurium minus)*.

Strand-Mastkraut *Sagina maritima* G. Don. Nelkengewächse *Caryophyllaceae*
B: Mai – August, 3 – 8 cm. – Kleine, einjährige, unauffällige Art mit wenig verzweigtem, aufrechtem Stengel, der an den Knoten nicht wurzelt. Eine grundständige Blattrosette fehlt. Gegenständige Stengelblätter schmal-linealisch, etwas walzlich und kurz stachelspitzig. Die kleinen weißen Blüten sind 4zählig: die Kelchblätter sind alle gleichgestaltet, stumpf und ohne Stachelspitze, die Kronblätter können sogar fehlen. Fruchtstiele stets aufrecht.
S: An wechselfeuchten, sandigen Stellen in den Salzwiesen. Mitunter auch im Dünenbereich.
V: Küstengebiete der Nord- und Ostsee. An den Binnensalzstellen nur sehr selten.

Dänisches Löffelkraut *Cochlearia danica* L. Kreuzblütler *Brassicaceae*
B: Mai – Juni, 2 – 20 cm. – Ein- oder mehrjährige Pflanze mit liegendem oder aufrechtem, verzweigtem Stengel. Die unteren Blätter sind langgestielt und herzförmig, die mittleren eher efeuförmig mit 3 – 5 Lappen und die oberen kurzgestielt und schmal bis fast lanzettlich. Die Kreuzblüten stehen in dichten, endständigen Trauben. Die weißen Kronblätter werden etwa 1 – 2 mm breit und 2 – 3 mm lang. Die Frucht ist ein kugeliges Schötchen.
S: Salztolerante Art der Strandwiesen in der Gesellschaft von Salz-Aster oder Strand-Beifuß. Mitunter auch in Hafenanlagen oder in Felsnischen.
V: Atlantische Küsten. An Nord- und Ostseeküsten verbreitet. Fehlt im Binnenland.

Meer-Streifenfarn *Asplenium marinum* L. Streifenfarngewächse *Aspleniaceae*
B: Sporen im Oktober/November, 10 – 30 (– 40) cm. – Kräftige, mehrjährige Farnpflanze mit büschelig gestellten Wedeln. Wedel mit dreieckigem Umriß, dunkelgrün, lederig, etwas glänzend, fiederig zusammengesetzt. Teilfiedern 1 – 4 cm lang, länglich zulaufend, jedoch an den Enden abgerundet. Wedelstiele rötlich-braun, mit undeutlichem grünem Flügelsaum.
S: Einziger Farn an Felsen und Mauern im unmittelbaren Einflußbereich des Meeres, mitunter nur wenig oberhalb der Spritzwasserzone.
V: Westeuropäische Art. Atlantik, Ärmelkanal, Mittelmeer.

Klippen-Kohl *Brassica oleracea* L. Kreuzblütler *Brassicaceae*
B: Mai – September, 40 – 120 cm. – Kräftige, auffallende, mehrjährige Pflanze mit aufrechter und nur oberwärts verzweigter Sproßachse. Die nebenblattlosen, wechselständigen Blätter sind kahl und etwas bläulich bereift, die unteren gestielt und tiefbuchtig-fiederteilig, die oberen meist ungeteilt und sitzend. Die 4zähligen Blüten bestehen aus 4 grünlich-gelben, aufrechten Kelchblättern und 4 schwefelgelben, ausgebreiteten Kronblättern. Neben 2 kürzeren finden sich noch 4 längere, aufrechte Staubblätter. Blüten zahlreich in verlängerten Trauben. Wildart der vielfach angebauten Gemüsekohlpflanzen.
S + V: Wild nur auf den Buntsandstein-Klippen und Ruderalstellen der Insel Helgoland, wo der reiche Bestand zur Blütezeit farbenprächtige Kontraste bildet. Dazwischen auch verwilderte Exemplare des Gemüse-Kohls. Auch im Mittelmeergebiet.

Stechginster *Ulex europaeus* L. Schmetterlingsblütler *Fabaceae*
B: Mai – Juni, 60 – 150 cm. – Sparriger, dichtbuschiger Strauch mit aufrechten Ästen und Zweigen. Die nadelförmigen Blätter stehen wechselständig, sind einfach oder 3zählig, die oberen pfriemlich, die unteren steif und stachelspitzig. Die meisten Blätter sind zu 6 – 15 mm langen Blattdornen umgewandelt. Zweige etwas gefurcht und anfangs abstehend behaart. Die großen, goldgelben Schmetterlingsblüten stehen auf kurzen Stielchen einzeln in den Blattachseln. Kelchblätter und Hülse zottig bräunlich behaart.
S: Heiden und sandige Kiefernwälder. Gelegentlich als Wildfutter angepflanzt.
V: Heimisch nur im atlantischen Bereich und besonders in Küstennähe. Sehr häufig z. B. in Nordfrankreich, dort auch zusammen mit weiteren Arten (z. B. *Ulex nana*). Norddeutschland. In ozeanisch-gemäßigtem Klima weltweit verbreitet.

Meerfenchel *Crithmum maritimum* L. Doldengewächse *Apiaceae*
B: August – Oktober, 10 – 50 cm. – Ausdauernde, kräftige, am Grunde verholzte Pflanze mit ausgebreiteten, felsanliegenden Stengeln und kahlen, graugrünen, mehrfach (2 – 3fach) fiederteiligen Blättern, deren halbfingerlange, etwas abgeflachte Endabschnitte deutlich dickfleischig sind. Solche Blattsukkulenz ist bei den Doldengewächsen eine verhältnismäßig seltene Erscheinung. Die zusammengesetzten Dolden stehen auf meist aufrechten Stengeln. Die einzelnen, gelblich-grünen oder hellgelben Blüten sind sehr klein. Stellenweise als Gewürzpflanze verwendet.
S: Sonnige Felsspalten und Felsnischen in unmittelbarer Meeresnähe, immer im Einflußbereich des Spritzwassers. Salztolerant.
V: Atlantische Felsküsten. Frankreich, England. Fehlt im Bereich der Nordsee. Im Mittelmeergebiet sehr häufig.

Venusnabel *Umbilicus rupestris* (Salisb.) Dandy Dickblattgewächse *Crassulaceae*
B: Mai – Juli, 5 – 30 cm. – Auffallende, ausdauernde Pflanze mit knollig verdickter Wurzel, kurzem, gedrungenem Stengel und charakteristisch schildförmigen, fast kreisrunden Blättern. Diese langgestielt, oberseits dunkelgrün-glänzend, ganzrandig oder wenig gekerbt und etwas fleischig. Die grünlichen oder rötlichen bis bräunlichen Kronblätter der 5zähligen Blüten sind zu einer leicht bauchigen Röhre verwachsen. Der Blütenstand ist eine vielblütige Ähre mit verlängerter Achse.
S: Felsnischen und Mauerfugen in Meeresnähe und wenig landeinwärts.
V: Sehr häufig an den westlichen und südlichen atlantischen Küsten. Fehlt im Bereich der Nord- und Ostsee. Auch im Mittelmeergebiet.

Felsküsten

Küstensäume, die nicht mit beweglichen, sandigen oder tonigen Sedimenten, sondern mit anstehendem Fels ausgestattet sind, offenbaren eine recht eigenartige und reichdifferenzierte Flora und Fauna. Vom obersten Gürtel, der vom Seewasser nie oder höchst selten erreicht wird, über die Zone zwischen Hochwasser- und Niedrigwasserlinie (Gezeitenzone) bis in die Region, die immer untergetaucht bleibt, trifft man auf stufenweise veränderte Lebensbedingungen, an die sich jeweils besondere Organismengruppen angepaßt haben. Folglich kann man an der Felsküste eine ziemlich streng gegliederte Abfolge verschiedener Zonen beobachten, die jeweils durch bestimmte Leitformen charakterisiert sind.

Flechtengürtel
Oberhalb der eigentlichen Gezeitenzone, die im Gezeitenrhythmus wechselnder Wasserbedeckung ausgesetzt ist, siedelt eine buntflächige Flechtengemeinschaft aus grauen, grünlichen, gelben und braunen Arten. Fast alle dieser Arten kommen ausschließlich in unmittelbarer Meeresnähe an salzwasserbeeinflußten Standorten vor und bewachsen dort die kahlen Felskuppen und -flächen, die Blütenpflanzen wegen des fehlenden Bodens keine Siedlungsmöglichkeit geben. Diese Flechtengemeinschaft wird im Gezeitenbereich durch eine andere Gesellschaft aus überwiegend schwarzen und gelben Arten abgelöst, die bereits sehr salzverträglich und überflutungsfest sind – für Flechten durchaus bemerkenswerte Eigenschaften.

Fucus-Watt
Die eigentliche Gezeitenzone kann recht gut mit den großen Braunalgen wie Gabeltang, Blasentang und Sägetang gekennzeichnet werden. Diese Tange sind echte amphibische Pflanzen, deren photosynthetische Kohlenstoffassimilation unter Wasser wie auch beim Trockenfallen gleichermaßen abläuft. Dabei kommt ihnen die Eigenschaft ihrer stark quellfähigen Zellwände, Wasser nur sehr verzögert abzugeben, sehr entgegen (Austrocknungsresistenz). Andere Algenarten dieses Lebensraumes können dagegen völlig austrocknen und ihre Lebensfunktionen bis zur nächsten Flut weitgehend einstellen (Trockenresistenz).

Laminaria-Watt
Im Bereich von der Niedrigwasserlinie an abwärts wachsen die großen, auffälligen Braunalgen vom Typ der *Laminaria*-Arten, deren eigenwillige Gestalt fremdartig anmutet und an keine der einigermaßen vertrauten Landpflanzen erinnert. Sie beherrschen vor allem den Lebensraum, der ständig vom Wasser bedeckt bleibt (Sublitoral). Innerhalb der deutschen Küstengebiete kann man die ausgedehnten, eindrucksvollen Bestände dieser Brauntange nur auf dem Felswatt Helgolands, unserer einzigen Felsinsel, beobachten.

Rotalgen-Gesellschaften
Abgesehen von wenigen Ausnahmen besiedeln die hübschen, zumeist sehr zierlichen Rotalgen eher die tieferen Regionen unterhalb des Niedrigwasserniveaus. Dichtere Bestände treten aber auch schon in den tieferen Abschnitten der Gezeitenzone oder in eingetieften Rinnen zutage. Ausgesprochene Tiefenformen finden sich an gut zugänglicher Stelle auch in schattigen Gezeitentümpeln oder Felshöhlen, deren Wasserfüllung bei der Ebbe nicht abläuft. Rotalgenbestände von überraschender Individuen- und Artenfülle kann man in Europa wohl am besten an den Felsküsten der Bretagne untersuchen, wo infolge der gewaltigen Tidenhübe (7 – 10 m) auch tiefere Regionen unmittelbar erreichbar sind, die sonst nur der Sporttaucher bewundern kann. Andererseits wird aber auch besonders nach Stürmen reichhaltiges Material aus der Tiefe gefördert.

Flechten sind eigenartige Zwitterwesen – Lebensgemeinschaften, zu denen sich jeweils Algen (Blau- und/oder Grünalgen) und Pilze zusammengeschlossen haben. Sie bringen Pflanzenformen hervor, die völlig andersartig sind als der eine oder der andere Partner und die zudem Lebensräume besiedeln können, von denen die getrennten Algen- und Pilzpartner in den meisten Fällen ausgeschlossen sind. Viele Flechten sind somit Biotopspezialisten geworden und bewohnen trokken-warme Standorte wie Mauern, Steine, Felsen, aber auch Astwerk und Rinde der Bäume oder direkt den Erdboden.

Verrucaria maura Wahlenb. ex Ach. *Verrucariaceae*
B: Charakteristische Krustenflechte einer recht umfangreichen Gattung, die den für Flechten ungewöhnlichen Lebensraum der Gezeitenzone besiedeln. Lager krustig, grobrissig oder sehr fein gefeldert, mit etwas samtiger Oberfläche. Tiefschwarz gefärbt. Fruchtkörper kugelig (Perithecium), aufrecht, einzeln, in das Lager eingesenkt und in der Flächenansicht nur als kleine, warzige Erhebung erkennbar. Algenpartner sind kleine, kugelige, einzellige Grünalgen.
S: Sehr häufige Flechte in ausgedehnten, flächigen Beständen auf Felsen in der Gezeitenzone. Die obere Grenze des auffallenden, schwarzen *Verrucaria*-Gürtels in der Gezeitenzone markiert zusammen mit einigen Seepocken-Arten ungefähr das Niveau der Hochwasserlinie.
V: Atlantische Küsten. Nordsee.

Caloplaca marina Wedd. *(Caloplaca lobulata) Teloschistaceae*
B: Formenreiche Flechtenart mit krustigem, schuppigem, warzigem bis gefeldertem Lager von auffallender orangeroter Färbung. Am Rande deutlich lappig, aber nicht rosettig. An schattigen Standorten meist heller gefärbt. Fruchtkörper scheibenförmig (Apothecien), sehr zahlreich vorhanden, etwa 1 – 2 mm breit und von fast gleicher Färbung wie das übrige Flechtenlager.
S: Zusammen mit einigen weiteren Arten der gleichen Gattung, die zum Teil nur schwer unterscheidbar sind, im Bereich des *Verrucaria*-Gürtels auf Felsen und Steinen. Bildet auf dem schwarzen Hintergrund hübsche, kontrastreiche Bestände.
V: Atlantische Küsten, Nordsee, Ostsee.

Xanthoria parietina (L.) Th. Fr. *Teloschistaceae*
B: Auffallende, sehr formenreiche Art mit großem, blättrigem bis annähernd strauchigem Lager von gelber bis orangeroter Färbung. Die einzelnen Lappen sind flach, nicht warzig aufgetrieben, etwa 1 – 5 mm breit und auf der Unterlage mit wurzelartigen Organen angeheftet. Fruchtkörper scheibenförmig (Apothecien), breiter als 2 mm, stets sehr zahlreich vorhanden, von gleicher Färbung wie das übrige Lager.
S: Sehr häufige Art. In ausgedehnten, großflächigen Beständen zusammen mit weiteren, meist schwer unterscheidbaren Arten (z. B. *Xanthoria aureola*) oberhalb der Gezeitenzone.
V: Weitverbreitet: entlang der atlantischen Küsten, Nordsee, Ostsee. Von Südskandinavien bis zum Mittelmeergebiet. Auch im Binnenland anzutreffen.

Ochrolechia parella (L.) Massal. *Lecanoraceae*
B: Meist ausgedehntere, krustige Lager, vielfach warzig gefeldert, von grauweißlicher, bleicher Färbung. Fruchtkörper scheibenförmig (Apothecien), groß, meist eckig, 1 – 2 mm breit, dickberandet, von gleicher Färbung wie das übrige Lager. Selten auch etwas rosa eingefärbt.
S: Auf kalkfreiem, festem Fels unmittelbar oberhalb der Gezeitenzone.
V: Weitverbreitet: Küstengebiete vom südlichen Skandinavien bis zum Mittelmeergebiet.

Lichina pygmaea (Lightf.) C. Ag. *Lichinaceae*
B: Charakteristische, aufrechte Strauchflechte. Lager mehrfach gabelig verzweigt, einzelne Äste am Grunde abgeflacht, weiter oben rundlich. Fruchtkörper scheibenförmig (Apothecien), endständig, in kugelige Vertiefungen des Lagers etwas eingesenkt. Insgesamt etwa 1 – 2 cm hoch, von schwärzlicher Färbung. Die Algenpartner dieser Flechte sind Blaualgen (*Calothrix*-Arten).
S: Verbreitete, dichtrasige Bestände bildende Flechte auf kalkigem oder kalkfreiem Gestein. Auf Felsen etwa im Niveau des Gabelbandtanges *(Pelvetia canaliculata)* im Bereich der Hochwasserlinie. An ihren Standorten vom Seewasser zumindest zeitweise überflutet.
V: Atlantische Küsten. Vor allem Westeuropa: Frankreich, England.

Lichina confinis (O. F. Müller) C. Ag. *Lichinaceae*
B: Kleine, kräftige, dichtrasige, aufrechte Strauchflechte mit vielfach gabelig verzweigtem Thallus. Thallusästchen stielrund von samtschwarzer Färbung, etwa 2 – 3 (– 5) mm hoch. Regelmäßig fruchtend. Scheibenförmige Fruchtkörper mit sehr schmalen Scheiben endständig an den Verzweigungen. Die Algenpartner sind auch bei dieser Flechtenart Blaualgen *(Calothrix)*.
S: Verbreitete, aber leicht übersehene, hübsche Flechte auf Felsen und Steinen unmittelbar oberhalb der Gezeitenzone, daher nie mit der vorigen Art zusammenstehend. Besiedelt bevorzugt Fugen und Risse der Unterlage.
V: Atlantische Küsten, Nordsee, Ostsee, Mittelmeer.

Roccella fuciformis DC. *Roccellaceae*
B: Meist sehr große Strauchflechte von weißlich-grauer Färbung mit gabelig verzweigten, bandartig flachen oder wenig gewundenen, starren, lanzettlichen Thallusästen. Etwa 5 – 30 cm lang und 2 – 7 mm breit. Thallusäste am Rande oft weißlich-warzig. Die Flechte gibt mit Kalilauge eine gelbe Farbreaktion; der äußere Markbereich färbt sich in Chlorkalklösung rot.
S: Meist vereinzelt vorkommende Strauchflechte im Flechtengürtel oberhalb der Gezeitenzone auf Felsen oder Steinen. Fast immer hängend unter vorspringenden Felswänden.
V: Atlantische Küsten. Frankreich. England. Auch im Mittelmeergebiet.

Ramalina siliquosa (Huds.) A. L. Sm. *(Ramalina scopulorum) Usneaceae*
B: Äußerst formenreiche, wichtige Strauchflechte des Meeresufers mit aufrechtem, stärker verzweigtem Thallus von grünlicher bis grünlichgrauer Färbung. Die einzelnen Thallusäste sind mitunter abgeflacht, häufig aber von unbestimmter Form, unregelmäßig und vielgestaltig verdickt oder zerrissen. An der Unterlage mit einer unterseits gelblichen Haftscheibe befestigt. Fruchtkörper scheibenförmig (Apothecien), nicht sehr zahlreich vorhanden, end- oder seitenständig an den Ästchen.
S: Bedeutende, bestandsbildende Art. Zusammen mit einigen weiteren Arten der gleichen Gattung auf Felsen und Steinen im Flechtengürtel oberhalb der Gezeitenzone.
V: Atlantische Küsten. Nordsee. Ostsee. Von Südskandinavien bis Portugal anzutreffen.

Felsküsten, Felswatt

Grünalgen (Chlorophyceae)

Die Grünalgen stellen eine ungemein umfangreiche Algenklasse mit annähernd 6500 bekannten Arten dar, die im Boden, im Süßwasser oder im Meer vorkommen. Neben einzelligen oder koloniebildenden Formen, die vor allem zum Plankton gehören, gibt es auch solche von fädigem oder flächigem Aufbau. Wie alle Algen weisen die Chlorophyceen keine Gliederung in echte Blätter, Sprosse und Wurzeln auf – ihren Vegetationskörper nennt man vielmehr Lager oder Thallus. Bei der Fortpflanzung ist meist ein typischer Generationswechsel ausgeprägt.

Meersalat *Ulva lactuca* L. *Ulvaceae*
B: Formenreicher, kräftiger, grüner oder dunkelgrüner, mitunter bläulich irisierender Thallus von 10 – 80 cm Länge und wechselnder Breite, blattartig, häutig, flach. Nur aus 2 Zellschichten aufgebaut. Mit großen Buchten, Löchern oder in einzelne Lappen aufgeteilt. Am Grunde in einen kürzeren, stielartigen Abschnitt verschmälert, der mit einer runden Haftscheibe festgewachsen ist. Die Alge wird in manchen Gegenden Europas gegessen.
S: Festgewachsen auf Felsen, Steinen und größeren Algen der Gezeitenzone. Später auch lose umhertreibend und häufig angeschwemmt. Ganzjährig anzutreffen.
V: Atlantik, Nordsee (Helgoland), Ostsee, Mittelmeer. Kosmopolitisch.

Gemeiner Darmtang *Enteromorpha intestinalis* (L.) Link. *Ulvaceae*
B: Thallus hellgrün bis gelbgrün, von 10 – 30 (– 40) cm Länge und 1 – 3 cm Breite, mit langausgezogenem Stielabschnitt. Innen stets röhrig-hohl und häufig blasig aufgetrieben oder auch bandartig flach, von darmartigem Aussehen. Am Grunde sehr schmal, zur Spitze hin allmählich breiter und vorne abgerundet. Nur selten verzweigt. Geschlechtliche und ungeschlechtliche Generation von gleichem Aussehen.
S: Festgewachsen auf Felsen und Steinen in der Gezeitenzone. Öfter auch lose umhertreibend. Erträgt längeren Aufenthalt im Süßwasser ohne sichtliche Schäden.
V: Atlantik, Nordsee (Helgoland), Ostsee, Mittelmeer. Kosmopolitisch. Gelegentlich sogar ins Binnenland verschleppt.

Flacher Darmtang *Enteromorpha compressa* (L.) Grev. *Ulvaceae*
B: Alge von dunkelgrüner und etwas bläulichgrüner Färbung, etwa 10 – 30 cm lang und meist 0,5 – 1 cm breit, selten breiter. Wie alle *Enteromorpha*-Arten innen röhrig-hohl, jedoch nie blasig aufgetrieben, sondern fast immer bandartig-flach. Reichlich verzweigt.
S: Gemeine Art. In dichten Beständen auf Felsen, Steinen, Hafenbefestigungen, Buhnen etc. an der oberen Gezeitengrenze (Hochwasserlinie). Zur Ebbezeit bereits von weitem als grüner Saum an der trockenfallenden Unterlage zu erkennen. Erträgt Süßwasseraufenthalt.
V: Atlantik, Nordsee (Helgoland), Ostsee, Mittelmeer. Kosmopolitisch.

Cladophora rupestris (L.) Kütz. *Cladophoraceae*
B: Sehr häufige Grünalge, wie viele blütenlose Pflanzen ohne eingebürgerten deutschen Artnamen. Thallus von fädigem Bautypus: die einzellreihigen Achsen verzweigen sich sehr reich und geben der Alge dadurch ein pinselartig dichtbüscheliges Aussehen. Die Färbung ist meist dunkelgrün, kann infolge Diatomeenbesatzes auch in ein schmutziges Braun übergehen. Die Größe beträgt 5 – 10 cm.
S: Mehrjährige Alge auf Fels, häufig als Unterwuchs des Sägetanges, aber auch auf Steinen und an sandigen Stellen der Gezeitenzone.
V: Atlantik, Nordsee (Helgoland), Ostsee, Mittelmeer.

Braunalgen (Phaeophyceae)
Die Braunalgen sind mit etwa 1000 Arten weniger artenreich als die Grün- oder Rotalgen, stellen an den Felsküsten jedoch den Großteil der Algenvegetation. Sie leben überwiegend im Meer, nur 3 Gattungen des Süßwassers sind bekannt. Einzellige Formen fehlen. Neben den zarteren, fädigen Bautypen fallen die lederig-derben Arten auf, die unter der Bezeichnung Tange bekannt sind. Ihre bräunliche oder olivbraune Färbung kommt durch das Carotinoid Fucoxanthin zustande. Der Vermehrungszyklus schließt meist einen typischen Generationswechsel ein.

Blasentang *Fucus vesiculosus* L. *Fucaceae* (oben links und oben rechts)
B: Formenreiche, sehr häufige, mehrjährige Art von gelbbrauner bis olivbrauner Färbung. Lederig-derb, bandförmig, 20 – 70 cm lang und 0,5 – 2 cm breit. Thallusbänder regelmäßig in einer Ebene gabelig verzweigt, beidseits der Mittelrippe mit gegenständigen Gasblasen (einzelne jeweils nur in den Gabelungsachseln), die besonders im Frühjahr serienweise angelegt werden. Aufeinanderfolgende Jahresserien können zur ungefähren Altersbestimmung herangezogen werden. Zweihäusig. An den Enden seitlicher Gabeläste, die als Rezeptakel bezeichneten, fertilen Abschnitte (Bild oben rechts), die in Form und Färbung deutlich von der Gestalt des übrigen Thallus abweichen und meist elliptisch-länglich, einfach oder gabelig, flach oder blasig aufgetrieben sind. In besonderen grubenartigen Vertiefungen (Konzeptakeln) werden entweder die weiblichen Eizellen oder die männlichen Gameten gebildet. Ein Generationswechsel fehlt. Zusammen mit anderen Brauntangen wird der Blasentang als wertvolle Rohstoffquelle für Alginsäure, als Düngemittel oder Futtermittelzusatz verwendet.
S: Auf Felsen, Steinen, festsitzenden Muschelschalen, Hafenbefestigungen, Molen etc. in der Gezeitenzone.
V: Atlantische Küsten bis zur Biskaya. Nordsee (Helgoland), Ostsee. Fehlt im Mittelmeer.

Gabeltang *Fucus spiralis* L. *(Fucus platycarpus) Fucaceae*
B: Häufige, mehrjährige Braunalge von gelbbrauner bis olivbrauner Färbung, bis 40 cm hoch und 1 – 3 cm breit. Thallus lederig, mit deutlicher Mittelrippe, am Grunde stielartig schmal, nach oben bandartig flach und häufig spiralig aufgewunden, ziemlich regelmäßig gabelig verzweigt. Gasblasen fehlen. Einhäusige Art. Die Rezeptakel sind kleiner als bei den übrigen Arten, rundlich-kugelig, häufig von einem schmalen Randsaum umgeben. Beim Zerquetschen stark schleimig. Artbastarde mit anderen *Fucus*-Arten sind nicht selten.
S: Auf Felsen, Steinen, Hafenbefestigungen, bestandsbildend in der oberen Gezeitenzone. Erträgt längeres Trockenfallen.
V: Atlantik, Nordsee (Helgoland), Ostsee. Fehlt im Mittelmeer.

Sägetang *Fucus serratus* L. *Fucaceae*
B: Großer, kräftiger Tang von 20 – 100 cm Länge. Mehrfach gabelig verzweigt, mit deutlicher Mittelrippe, am Rande scharf gesägt. Gasblasen nicht vorhanden. Die olivbraunen Thallusbänder werden 1 – 4 cm breit und sind zerstreut mit weißen Haargruben besetzt. Die Rezeptakel sind sehr flach, mit warzig-rauher Oberfläche, langgestreckt, einfach oder gabelteilig. Zweihäusige Art. Häufig mit artenreichem Aufwuchs von koloniebildenden Formen wie z. B. Moostierchen u. a.
S: Mehrjährige, aber langsamwüchsige Art. Gemein. Auf Felsen, Steinen, Hafenbefestigungen. Von der mittleren Gezeitenzone bis zum *Laminaria*-Gürtel.
V: Atlantik. Südlich bis zur Biskaya. Nordsee (Helgoland). Westl. Ostsee.

Rinniger Gabelbandtang *Pelvetia canaliculata* Dcne. et Thur. *Fucaceae*
B: Thallus verhältnismäßig klein, nur 10 – 15 cm hoch und 3 – 5 mm breit. Vielfach gabelig geteilt. Büschelig. Gabelzweige abgeflacht, bandartig, nur seitlich etwas aufwärts gebogen oder zusammengezogen, so daß auf der Oberseite eine flache Rinne entsteht. Mittelrippe, Haargruben oder Gasblasen fehlen. Färbung meist etwas gelblich bis olivbraun, im ausgetrockneten Zustand schwarzbraun bis schwarz. Die Rezeptakel sind länglich, mit warzig-rauher Oberfläche, endständig an den Gabelenden, etwa 1 – 3 cm lang. Einhäusige Art. Regelmäßig mit einem Pilz der Gattung *Mycosphaerella* infiziert. Enthält sehr selten vorkommende Kohlenhydrate (z. B. Volemit) in ansehnlichen Mengen.
S: Mehrjährige, langsamwüchsige Art auf exponierten Felsen in der obersten Gezeitenzone (Hochwasserlinie) bis zum Flechtengürtel, wo sie nur noch während der Springtiden regelmäßig überflutet und sonst nur vom Spritzwasser erreicht wird.
V: Charakteristischer Bewohner der atlantischen Felsküsten. Südlich bis Portugal. Fehlt auf Helgoland. Westl. Ostsee (?).

Knotentang *Ascophyllum nodosum* (L.) Le Jol. *Fucaceae*
B: Derbe Braunalge mit großem, rundem, etwas abgeflachtem Thallus, der sich unregelmäßig gabelig verzweigt und 30 – 150 cm lang wird. Die einzelnen zählederigen, olivgrünen bis braunschwarzen Hauptachsen sind 1 – 1,5 cm breit, ohne Mittelrippe, mit mehreren einzelstehenden, großen, knotigen Gasblasen, von denen jährlich eine angelegt wird. Sie tragen kurze, abgeflachte, regellos oder auch zweizellig-gegenständig angebrachte Seitenästchen. Zweihäusige Art. Die orangegelben, weiblichen und die graugrünen, männlichen Rezeptakel sind blasig-keulig und kurz gestielt. Sie fallen nach der Fruktifikationszeit ab.
S: Mehrjährige Art in dichten Beständen in der mittleren Gezeitenzone, etwa im Niveau des Blasentanges. Trägt sehr häufig als ständigen Aufwuchs die dichten braunroten Büschel der Rotalge *Polysiphonia lanosa.*
V: Nordatlantik. Nordsee. Auf Helgoland unbeständig. In der Ostsee wohl nur angetrieben.

Riementang *Himanthalia elongata* (L.) S. F. Gray *Himanthaliaceae* (unten links und unten rechts)
B: Eigentlicher Thallus pilz- oder becherförmig mit eingedellter Oberseite auf schmalem, kurzem Stiel, mit kleinerer Haftscheibe auf der Unterlage festgewachsen. Olivgrün, 3 – 5 cm hoch und am oberen Rand etwa 2 – 5 cm breit, innen meist hohl (Bild unten links). Aus dem Zentrum der napfartigen Vertiefung dieses sehr einfach gebauten Thallus wachsen im zeitigen Frühjahr 1 – 2 auffallend schnellwüchsige, schmale, riemenförmige Bänder von gelbbrauner Färbung, die sich sehr regelmäßig gabelig verzweigen, 1 – 3 m lang und 0,5 – 1 (– 2) cm breit werden (Bild unten rechts). Diese langen, flutenden Riemenbänder stellen die fertilen Teile der Alge dar und müssen damit wohl als stark verlängerte Rezeptakel aufgefaßt werden. Einhäusige Art. Die Thallusbänder tragen meist einen sehr interessanten und artenreichen Aufwuchs meist kleinerer Algenarten.
S: In dichten Beständen an exponierten Küsten auf Felsen an der Grenze der unteren Gezeitenzone.
V: Nördliche atlantische Küsten, Nordsee. Kommt auf Helgoland selbst nicht festgewachsen vor; die langen Bänder werden aber im Sommer regelmäßig (wahrscheinlich) von den Kanalküsten her angetrieben.

Zuckertang *Laminaria saccharina* (L.) Lamour. *Laminariaceae* (oben links und oben rechts)
B: Große, derbe Braunalge, deren Thallus (wie bei den übrigen *Laminaria*-Arten) in eine gabelig verzweigte, basale Haftkralle (Rhizoid), in einen stielartigen Teil (Cauloid) und in ein großes, längliches Blatt (Phylloid) gegliedert ist. Das ganzrandige, ungeteilte Blatt ist von gelbbrauner bis dunkelbrauner Färbung und wird etwa 100 – 400 cm lang und 10 – 30 cm breit. Auf den stielartigen Abschnitt entfallen etwa 10 – 40 cm Länge bei 0,5 – 1 cm Dicke. Das Blatt des bei Helgoland in reichen Beständen vorkommenden Zuckertanges ist meist völlig glatt und am Rande nur leicht wellig (Bild oben links), bei den Exemplaren der sonstigen europäischen Felsküsten jedoch mit ornamentartigen Längsreihen wulstiger, höckriger Erhebungen und mit einem faltigen, rüschenartigen Randsaum (Bild oben rechts) versehen. Während die *Fucus*-Arten an den Gabelenden in die Länge wachsen, liegt die Wachstumszone der *Laminaria*-Arten am unteren Teil des Blattes am Übergang in den stielartigen Teil. Der Vermehrungszyklus schließt einen Generationswechsel mit sehr kleinen und nur wenigzelligen Stadien ein.
Die Zellwandsubstanz Alginsäure wird in Frankreich, England oder Skandinavien industriell gewonnen. Alginsäure ist dabei für die Lebensmitteltechnologie als Stabilisator z. B. für Joghurt, Speiseeis etc. ein wertvoller Rohstoff.
S: Mehrjährige Art in dichten Beständen auf Felsen und größeren Steinen der unteren Gezeitenzone und etwas tiefer.
V: Atlantische Küsten. Nordsee (Helgoland), westl. Ostsee.

Palmentang *Laminaria hyperborea* (Gun.) Fosl. *(Laminaria cloustonii) Laminariaceae*
B: Große, derbe Braunalge mit dunkelbraunem Blatt von 50 – 150 cm Länge und 40 – 60 cm Breite, in Längsrichtung in mehrere bandartige Streifen aufgeschlitzt, am Übergang in den Stiel meist herzförmig ausgerandet. Stiel 30 – 120 cm lang, drehrund, mit rauher Oberfläche, konisch zulaufend, steif-aufrecht, wenig biegsam, am Grunde bis 5 cm dick. Blatt und Stiel werden von zahlreichen Schleimkanälen durchzogen, die bei Verletzung große Mengen eines klaren Schleimes freisetzen. Das Thalluswachstum erfolgt vom Frühwinter bis zum Sommer, wobei sich an der Basis des alten Blattes ein junges Phylloid ausbildet, das rasch an Größe zunimmt. Das alte Blatt wird mit dem laufenden Zuwachs nach vorne geschoben und im Wellengang schließlich abgeschlagen. Dieser „Laub"wechsel vollzieht sich jährlich.
S: Bestandsbildende Art („*Laminaria*-Wälder") unterhalb der Gezeitenzone. Besonders nach Stürmen in Mengen angetrieben.
V: Nördliche atlantische Küsten. Nordsee (Helgoland), westl. Ostsee.

Fingertang *Laminaria digitata* (Huds.) Lamour. *(Laminaria flexicaulis) Laminariaceae*
B: Auffällige mehrjährige Braunalge mit dunkelbraunem, der Länge nach bandförmig oder fingerig geschlitztem Blatt von 100 – 200 cm Länge und 30 – 50 cm Breite, das sich am Grunde allmählich (ohne Ausrandung) in den Stiel verschmälert. Der Stiel ist etwas abgeflacht, 1 – 2 cm dick, biegsam, nach unten wenig verbreitert, mit glatter Oberfläche. Das Wachstum erfolgt vom Winter bis zum Sommer durch eine Wachstumszone an der Phylloidbasis, aber ohne die auffällige Trennung in ein altes, zerschlagenes und ein junges Blatt. Im Stiel fehlen Schleimkanäle. Speichert wie alle Laminarien Jod aus dem Meerwasser.
S: Bestandsbildende Art an der Niedrigwasserlinie und etwas unterhalb der Gezeitenzone, aber nicht so tief wie die vorige Art.
V: Atlantische Küsten. Südlich nur bis zur Bretagne. Nordsee (Helgoland), westl. Ostsee.

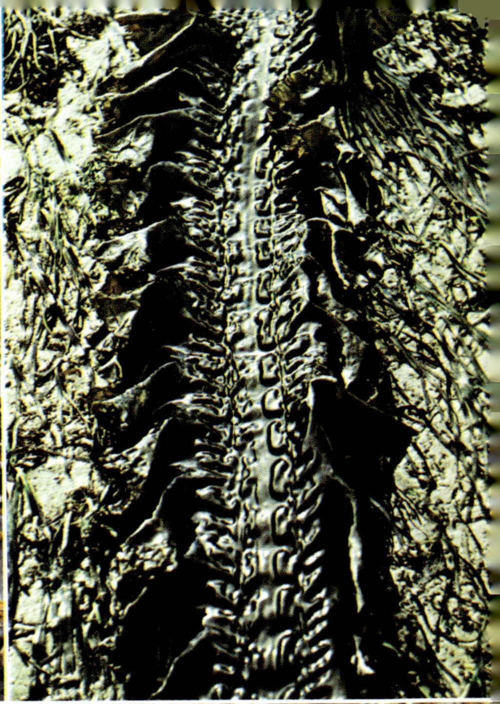

Meersaite *Chorda tomentosa* Lyngb. *Chordaceae*
B: Thallus peitschenschnurartig, bis 100 cm lang, im Querschnitt rund, 3 – 4 mm dick, am Grunde und an der Spitze verschmälert, ungeteilt, von olivbrauner bis dunkelbrauner Färbung. Auf der gesamten Länge sehr dicht mit goldbraun oder dunkelbraun gefärbten, etwa 5 mm langen Haaren besetzt und daher von zottigem Aussehen. Am Grunde mit scheibenförmigem Haftorgan. Fühlt sich leicht schleimig an. Einjährige Art.
S: Vor allem im Sommer auf größeren Steinen, Muschelschalen, Holzpfählen, auch an mehr sandigen Stellen, meist unterhalb der Gezeitenzone, jedoch häufig in großen Mengen angespült.
V: Atlantik, Nordsee (Helgoland), westl. Ostsee.

Schotentang, Meereiche *Halidrys siliquosa* (L.) Lyngb. *Cystoseiraceae*
B: Mehrjährige, kräftige Braunalge mit olivbraunem bis hellbraunem, etwas abgeflachtem Thallus von 40 – 150 cm Länge. Stark verzweigt, Seitenäste etwa 1 – 4 mm breit, meist alle in einer Ebene. An den Enden der Verzweigungen sitzen spindelförmige, zugespitzte, 1 – 4 cm lange Schwimmblasen („Schoten"), die durch Querwände gekammert sind. Die Rezeptakel sehen ähnlich aus, sind jedoch ungekammert. Einhäusige Art mit zwittrigen Konzeptakeln.
S: Auf Felsen und größeren Steinen im Bereich der Niedrigwasserlinie und tiefer.
V: Nordatlantik, Nordsee (Helgoland), westl. Ostsee.

Gabelzweigtang *Bifurcaria bifurcata* Ross. *Cystoseiraceae*
B: Mehrjährige Art mit kriechendem Rhizoid, von dem aufrechte, stielrunde, regelmäßig oder unregelmäßig gabelig verzweigte Achsen von 20 – 40 cm Länge und 3 – 8 mm Dicke ausgehen. Die Thallusfarbe ist hellbraun oder gelbbraun. Beim Trocknen wird er tiefschwarz. Die 2 – 5 cm langen Rezeptakeln sind endständig.
S: Auf Felsen und Steinen an der Niedrigwasserlinie oder tiefer. Mitunter auch bestandsbildend und reich entfaltet in höherliegenden Felswannen und Gezeitentümpeln, die während der Ebbezeit nicht trockenfallen.
V: Atlantische Felsküsten, Nordsee.

Rotalgen (Rhodophyceae)
Die Rotalgen (ca. 2500 Arten) leben überwiegend im Meer und umfassen einzellige, fädige, flächige oder kalkinkrustierte Formen mit hochgradig spezialisierter Fortpflanzung. Die charakteristische hellrote, braunrote oder violettrote Färbung wird durch die neben Chlorophyll vorhandenen Phycobiline verursacht. Für die meisten Rotalgen fehlen gängige deutsche Artnamen.

Porphyra purpurea (Roth) C. Ag. *Bangiaceae*
B: Häufige Rotalge mit sehr weichem, dünnhäutigem, nur aus einer Zellschicht bestehendem Thallus von braunroter Färbung und unbestimmtem, meist ovalem oder rundlichem Umriß. Etwa 10 – 30 cm lang und ebenso breit, am Rande wellig-faltig. Der nabelartige Haftansatz zur Befestigung auf der Unterlage sitzt meist randständig oder ist dem Rand sehr genähert. Besitzt die bemerkenswerte Eigenschaft, bei Ebbe fast vollständig auszutrocknen – sie liegt dabei ihrer Unterlage wie eine ausgespannte, glatte Haut an, wie die Abbildung zeigt. Die ersten Spritzer des auflaufenden Flutwassers setzen die Lebensfunktionen der Alge wieder in Gang. Verwandte Arten werden in Japan (als „Nori") gegessen.
S: Sommerart auf Felsen und Steinen oder als Aufwuchs größerer Algen in der Gezeitenzone.
V: Atlantikküsten, Nordsee (Helgoland).

Hauttang *Rhodymenia palmata* (L.) Grev. *Rhodymeniaceae*
B: Flächig-ausgebreiteter, ziemlich derber und zäher Thallus von braunroter bis purpurroter Färbung. Sehr formenreich. Etwa 10 – 40 cm lang, von unregelmäßiger Gestalt, meist jedoch gabelig oder handförmig-lappig geteilt. Am Rande sitzen oft zahlreiche, abgerundete, bandartige Lappen mit keilförmig verschmälertem Grund. Mehrjährige Art. Wird in manchen Küstengegenden Europas verzehrt.
S: Sehr häufig und fast immer in dichten Beständen. Auf Felsen, größeren Steinen oder auch als Aufwuchsart auf den größeren Braunalgen in der mittleren und unteren Gezeitenzone. Gelegentlich auch in größeren Mengen angespült.
V: Atlantische Küsten Europas. Nordsee. Seltener auch in der westl. Ostsee.

Korallenmoos *Corallina officinalis* L. *Corallinaceae*
B: Zierliche, feingliedrige, durch Kalkeinlagerungen harte und starr-aufrechte Rotalge von 3 – 10 cm Höhe. Die einzelnen Achsen sind stielrund oder wenig abgeflacht, etwa 1 – 2 mm dick. Einzelglieder wenig länger als breit, Haupt- und Seitenzweige locker, Verzweigungen meist abstehend, gegenständig und ihrerseits unterbrochen gefiedert. Alle Äste und Seitenzweige in einer Ebene. Achsen der Verzweigungen unregelmäßig lang, mitunter stark verlängert, Alge daher von unbestimmtem Umriß. Die Färbung wechselt von grauviolett oder graurosa bis zu purpurrot, besonders im tieferen Wasser. Zweihäusige Art. Früher arzneilich verwendet.
S: Mehrjährige Art auf Felsen oder Steinen in der unteren Gezeitenzone oder tiefer. Besonders in Gezeitentümpeln und schattigen Felsküvetten reich entfaltet. Sehr häufig.
V: Atlantische Küsten, Nordsee (Helgoland), westl. Ostsee, Mittelmeer (Kosmopolitisch?).

Dumontia incrassata (O. F. Müller) Lamour. *Dumontiaceae*
B: Tief braunrote Alge von stielrundem oder abgeflachtem Querschnitt, meist stärker büschelig verzweigt, 10 – 40 cm lang, Einzelstränge etwa 1 – 4 mm breit. Thallus faßt sich schleimig und etwas knorpelig an. Die flutenden Seitenzweige sind meist stark verlängert und überragen die Hauptachse mitunter um ein Vielfaches. Zu den Enden hin sind sie etwas zugespitzt, meist gewunden oder wellig-kraus. Nur am Grunde röhrig-hohl. Mit einer basalen Haftscheibe auf der Unterlage festgewachsen.
S: Auf Felsen oder Steinen, auch an mehr sandigen Stellen in der mittleren Gezeitenzone.
V: Nördliche atlantische Küsten, Nordsee (Helgoland), westl. Ostsee.

Laurencia pinnatifida (Huds.) Lamour. *Rhodomelaceae*
B: Knorpelig-feste Alge von dreieckigem Umriß, mit stielrunder Basis, weiter oben aber stark abgeflacht und nur in einer Ebene verzweigt, insgesamt etwa 5 – 20 cm lang und 1 – 3 mm dick, von dunkelpurpurner bis olivbrauner Färbung. Die Seitenzweige sind wechselständig in 2 Zeilen angebracht und ihrerseits mit keuligen Verzweigungen unterschiedlicher Länge besetzt, die zu den Enden hin etwas verbreitert sind. Die Alge schmeckt pfefferartig scharf.
S: Meist in dichten Büscheln. Bestandsbildend von der mittleren Gezeitenzone bis weit unter die Niedrigwasserlinie.
V: Atlantik, Nordsee. Früher auch auf Helgoland. Fehlt in der Ostsee.

Seeampfer *Delesseria sanguinea* (Huds.) Lamour. *Delesseriaceae*
B: Charakteristische, weitverbreitete, mehrjährige Art mit knorpeliger, zylindrischer Grundachse, von der zahlreiche hochrote bis karminrote, gestielte, flache oder gewellte, ganzrandige Blattkörper von 10 – 25 cm Länge und 5 – 10 cm Breite ausgehen. Die blattartigen Gebilde haben eine Mittelrippe mit deutlichen Seitennerven und erinnern in der Form sehr an Rotbuchenblätter. Gegen Ende des Sommers ist der Thallus oft stark zerfetzt. Die ausdauernde Mittelrippe bildet dann zahlreiche, kleine, zungenförmige Anhängsel aus, die im nachfolgenden Frühjahr wieder zu den großen Blattkörpern heranwachsen.
S: Auf Felsen oder auch als Aufwuchs z. B. auf *Laminaria*-Stielen in reichen Beständen unterhalb der Gezeitenzone im tieferen Wasser. Besonders nach Stürmen in Mengen angespült.
V: Atlantikküsten, Nordsee (Helgoland), westl. Ostsee.

Knorpeltang *Chondrus crispus* L. *Gigartinaceae*
B: Ungemein formenreiche Art. Thallus flächig, aufrecht, knorpelig und lederigzäh, 3 – 15 cm hoch. Jüngere Exemplare sind schmal zungenförmig, ungeteilt, mit verschmälerter Basis, ältere Thalli fächerförmig, mehrfach gabelig geteilt. Die einzelnen Verzweigungsabschnitte sind keilförmig, werden flächig ausgebreitet, so daß sie sich gegenseitig überdecken, oder stehen dicht kräuselig zusammen. An keiner Stelle rinnig zusammengezogen. Die Färbung wechselt je nach Standort von dunkelpurpurn bis braunrot oder rötlich-violett. Unter Wasser irisiert die Thallusoberfläche mitunter leuchtend hellblau. Der Knorpeltang wurde früher arzneilich verwendet und wird heute vielfach industriell zur Gewinnung der Carrageenane, Agar-ähnlicher Stoffe der Zellwände, genutzt.
S: Sehr häufige Art auf Felsen und Steinen in der unteren Gezeitenzone und wenig tiefer.
V: Atlantik, Nordsee (Helgoland), westl. Ostsee.

Gigartina acicularis (Wulf.) Lamour. *Gigartinaceae*
B: Häufige Alge von knorpelig-fester, elastischer Konsistenz. Thallus im Querschnitt stielrund oder etwas abgeflacht, 1 – 3 mm dick, etwa 5 – 15 cm lang, von dunkelroter bis braunroter Färbung. Die Verzweigung erfolgt sehr unregelmäßig, so daß die dichtbüschelige Alge meist sehr sparrig aussieht. Die einzelnen Seitenzweige sind dabei dornartig kurz oder nur wenig verlängert und stets etwas eingekrümmt. Alle Enden sind lang-zugespitzt. Auf der Unterlage mit verzweigten Rhizoiden festgewachsen. Die Alge wird neben einigen weiteren Arten der gleichen Gattung ähnlich wie der Knorpeltang industriell verwertet.
S: Meist in dichten Rasen an etwas geschützten Stellen auf Felsen in der mittleren und unteren Gezeitenzone.
V: Südliche atlantische Küsten. Ärmelkanal. Auch im Mittelmeer.

Hildenbrandia prototypus Nardo *Hildenbrandiaceae*
B: Nicht nur die ausgedehnten Felsflächen und großen Felsbrocken geben einer reichdifferenzierten und farbenfrohen Algenflora Siedlungsraum. Besonders kleinere Steine bis hinunter zu Kieselgröße zeigen ein lückenloses Nebeneinander vor allem verschiedener flächenwüchsiger Kleinalgen. *Hildenbrandia* ist eine solche flache Kruste, die dünnhäutige, unregelmäßige Flecken von nicht festlegbarer Größe bildet und durch ihre blutrote bis braunrote Färbung auffällt. Ihr relativ komplizierter Aufbau ist nur im mikroskopischen Bild erkennbar.
S: Siedelt allgemein auf fast allen verfügbaren Hartsubstraten, besonders auf kleineren Steinen in der Gezeitenzone.
V: Atlantik, Nordsee (Helgoland), Ostsee, Mittelmeer. Kosmopolitisch.

Literaturhinweise

CHAPMAN, V. J.: Coastal Vegetation, Oxford, London, New York 1964

CHRISTIANSEN, W.: Pflanzenkunde von Schleswig-Holstein. Neumünster i. H. 1938

CHRISTIANSEN, W.: Flora der Nordfriesischen Inseln, Hamburg 1967

ELLENBERG, H.: Vegetation Mitteleuropas mit den Alpen in kausaler, dynamischer und historischer Sicht. Stuttgart 1963

GESSNER, F.: Meer und Strand, Berlin 1957

KREMER, B. P.: Meeresalgen. Ein Bestimmungsbuch für häufigere Arten der Atlantikküsten, der Nord- und Ostsee. Wittenberg Lutherstadt 1975

ROTHMALER, W.: Exkursionsflora, Bd. 2: Gefäßpflanzen, Berlin 1972

ROTHMALER, W.: Exkursionsflora, Bd. 4: Kritischer Ergänzungsband, Berlin 1963

SCHMEIL-FITSCHEN: Flora von Deutschland und seinen angrenzenden Gebieten (W. Rauh und K. Senghas, Hrsg.) Heidelberg 1968

Verzeichnis der wissenschaftlichen Namen

Agropyron junceum 10
Agropyron littorale 10
Ammophila arenaria 14
Armeria maritima 42
Arnica montana 24
Artemisia maritima 40
Ascophyllum nodosum 58
Asplenium marinum 44
Aster tripolium 40
Atriplex littoralis 10

Beta maritima 12
Bifurcaria bifurcata 62
Bolboschoenus maritimus 34
Brassica oleracea 46

Cakile maritima 12
Calluna vulgaris 22
Caloplaca lobulata 50
Caloplaca marina 50
Calystegia soldanella 16
Carex arenaria 16
Centaurium minus 44
Centaurium pulchellum 44
Centaurium vulgare 44
Chondrus crispus 66
Chorda tomentosa 62
Cladophora rupestris 54
Cochlearia anglica 42
Cochlearia danica 44
Cochlearia officinalis 42
Corallina officinalis 64
Corynephorus canescens 16
Crambe maritima 12
Crithmum maritimum 46

Delesseria sanguinea 66
Drosera rotundifolia 28
Dumontia incrassata 64

Elymus arenarius 14
Empetrum nigrum 22
Enteromorpha compressa 54
Enteromorpha intestinalis 54
Epipactis atrorubens 30
Epipactis palustris 30
Erica cinerea 28
Erica tetralix 28
Erodium cicutarium 20
Eryngium maritimum 14

Fucus platycarpus 56
Fucus serratus 56
Fucus spiralis 56
Fucus versiculosus 56

Galium verum 26
Genista anglica 24
Gentiana pneumonanthe 26
Gigartina acicularis 66
Glaucium flavum 14
Glaux maritima 38

Halidrys siliquosa 62
Halimione portulacoides 40
Hammarbya paludosa 30
Hildenbrandia prototypus 66
Himanthalia elongata 58
Hippophae rhamnoides 26
Honkenya peploides 10

Jasione montana 16

Laminaria cloustonii 60
Laminaria digitata 60
Laminaria flexicaulis 60
Laminaria hyperborea 60
Laminaria saccharina 60
Lathyrus maritimus 18
Laurencia pinnatifida 64
Lichina confinis 52
Lichina pygmaea 52
Limonium vulgare 40
Lotus tenuis 22
Lycopodiella inundata 30

Minuartia peploides 10

Ochrolechia parella 50
Oxycoccus macrocarpa 28
Oxycoccus palustris 28

Pelvetia canaliculata 58
Plantago coronopus 42
Plantago maritima 42
Porphyra purpurea 62
Potentilla anserina 20
Potentilla erecta 24
Puccinellia maritima 36

Ramalina siliquosa 52
Ramalina scopulorum 52
Rhodymenia palmata 64
Roccella fuciformis 52
Rosa pimpinellifolia 24
Rosa rugosa 26
Rumex acetosella 20

Sagina maritima 44
Salicornia europaea 36
Salix repens 22
Salsola kali 10
Sedum acre 18
Spartina townsendii 34
Spergularia marginata 38
Spergularia marina 38
Spergularia media 38
Spergularia salina 38
Suaeda maritima 36

Thymus serpyllum 18
Triglochin maritimum 38
Tripleurospermum inodorum 12
Tripleurospermum maritimum 12

Ulex europaeus 46
Ulva lactuca 54
Umbilicus rupestris 46

Vaccinium uliginosum 28
Verrucaria maura 50
Viola canina 20
Viola tricolor 18

Xanthoria aureola 50
Xanthoria parietina 50

Zostera marina 34
Zostera noltii 34

Verzeichnis der deutschen Namen

Ampfer, Kleiner 20
Andel 36
Aster, Salz- 40
Aster, Strand- 40
Aufrechtes Fingerkraut 24

Beifuß, Strand- 40
Berg-Sandglöckchen 16
Berg-Wohlverleih 24
Blasentang 56
Blauer Helm 14

Dänisches Löffelkraut 44
Darmtang, Flacher 54
Darmtang, Gemeiner 54
Dreizack, Strand- 38
Dünen-Rose 24
Dünen-Stiefmütterchen 18
Dünen-Veilchen 20

Echtes Labkraut 26
Echtes Seegras 34
Echtes Tausendgüldenkraut 44
Englischer Ginster 24
Englisches Löffelkraut 42
Enzian, Lungen- 26

Fingerkraut, Aufrechtes 24
Fingerkraut, Gänse- 20
Fingertang 60
Flacher Darmtang 54
Flügelsamige Schuppenmiere 38

Gabelbandtang, Rinniger 58
Gabeltang 56
Gabelzweigtang 62
Gänse-Fingerkraut 20
Gebräuchliches Löffelkraut 42
Gemeine Glockenheide 28
Gemeiner Darmtang 54
Gemeiner Moorbärlapp 30
Gemeiner Sanddorn 26
Gemeines Heidekraut 22
Geruchlose Strandkamille 12
Ginster, Englischer 24
Glockenheide, Gemeine 28
Glockenheide, Graue 28
Grasnelke, Strand- 42
Graue Glockenheide 28
Großfrüchtige Moosbeere 28

Halligflieder 40
Hauttang 64
Heidekraut, Gemeines 22
Helm, Blauer 14
Hornklee, Salz- 22
Hornmohn 14

Kali-Salzkraut 10
Kartoffel-Rose 26
Kleiner Ampfer 20
Klippen-Kohl 46
Knorpeltang 66
Knotentang 58
Kohl, Klippen- 46
Korallenmoos 64
Krähenbeere, Schwarze 22
Krähenfuß-Wegerich 42
Kriech-Weide 22

Labkraut, Echtes 26
Löffelkraut, Dänisches 44
Löffelkraut, Englisches 42
Löffelkraut, Gebräuchliches 42
Lungen-Enzian 26

Mastkraut, Strand- 44
Mauerpfeffer 18
Meereiche 62
Meerfenchel 46
Meerkohl 12
Meersaite 62
Meersalat 54
Meersenf 12
Meer-Strandkamille 12
Meerstrand-Quecke 10
Meer-Streifenfarn 44
Melde, Strand- 10
Milchkraut, Strand- 38
Moorbärlapp, Gemeiner 30
Moosbeere 28
Moosbeere, Großfrüchtige 28

Nordsee-Quecke 10

Palmentang 60
Platterbse, Strand- 18

Quecke, Meerstrand- 10
Quecke, Nordsee- 10
Queller 36

Rauschbeere 28
Reiherschnabel 20
Riementang 58
Rinniger Gabelbandtang 58
Rose, Dünen- 24
Rose, Kartoffel- 26

Rübe, Wilde 12
Rundblättriger Sonnentau 28

Sägetang 56
Salz-Aster 40
Salz-Hornklee 22
Salzkraut, Kali- 10
Salzmelde, Strand- 40
Salzmiere, Strand- 10
Salz-Schuppenmiere 38
Salzschwaden, Strand- 36
Sanddorn, Gemeiner 26
Sandglöckchen, Berg- 16
Sand-Segge 16
Sand-Thymian 18
Schlickgras 34
Schotentang 62
Schuppenmiere, Flügelsamige 38
Schuppenmiere, Salz- 38
Schwarze Krähenbeere 22
Seeampfer 66
Seegras, Echtes 34
Seegras, Zwerg- 34
Segge, Sand- 16
Silbergras 16
Sode, Strand- 36
Soldatensegge 16
Sonnentau, Rundblättriger 28
Stechginster 46
Stiefmütterchen, Dünen- 18
Strand-Aster 40
Strand-Beifuß 40
Stranddistel 14
Strand-Dreizack 38
Strandflieder 40
Strand-Grasnelke 42
Strandhafer 14
Strandkamille, Geruchlose 12
Strandkamille, Meer- 12
Strand-Mastkraut 44
Strand-Melde 10
Strand-Milchkraut 38
Strand-Platterbse 18
Strandroggen 14
Strand-Salzmelde 40
Strand-Salzmiere 10
Strand-Salzschwaden 36
Strandsimse 34
Strand-Sode 36
Strand-Tausendgüldenkraut 44
Strandvanille 30
Strand-Wegerich 42
Strand-Wermut 40
Strand-Zaunwicke 16
Streifenfarn, Meer- 44
Sumpf-Weichwurz 30
Sumpfwurz 30

Tausendgüldenkraut, Echtes 44
Tausendgüldenkraut, Strand- 44
Tausendgüldenkraut, Zierliches 44
Thymian, Sand- 18
Trunkelbeere 28

Veilchen, Dünen- 20
Venusnabel 46

Wegerich, Krähenfuß- 42
Wegerich, Strand- 42
Weichwurz, Sumpf- 30
Weide, Kriech- 22
Wermut, Strand- 40
Wilde Rübe 12
Wohlverleih, Berg- 24

Zaunwicke, Strand- 16
Zierliches Tausendgüldenkraut 44
Zuckertang 60
Zwerg-Seegras 34

Zum Thema „Strand und Küste" sind folgende Bücher im KOSMOS-Verlag erschienen:

Der Kosmos Strandführer
Andrew Campell

Der bekannte Meeresbiologe Dr. Andrew Campell hat sich auf die Organismen unserer europäischen Küsten spezialisiert. Er gibt mit diesem KOSMOS-Führer dem Laien wie dem Fachmann ein Buch in die Hand, nach dem jeder seine Funde bestimmen und systematisch einordnen kann.

Der Kosmos-Muschelführer
Peter Oliver

Eine wertvolle Hilfe beim Bestimmen, Klassifizieren und Präparieren. Über 1000 Arten sind hier beschrieben und auf 148 Farbtafeln abgebildet.

Muscheln und Schnecken an Europas Küsten
Bob Entrop

Bob Entrop, Direktor eines seebiologischen Museums in Den Haag, zeigt in ausgesucht schönen und instruktiven Farbfotos Muscheln und Schnecken von den Küsten Europas. Er beschreibt, wie man systematisch sammelt, präpariert und aufbewahrt und erklärt, wie man eine Sammlung schöner Meeresmuscheln und Schnecken anlegen kann.

Das Watt
Ein Reiseführer für Naturfreunde
Horst Janus

Der Wattwanderer, der mit offenen Augen das Watt durchstreift, findet eine Welt vor, die sonst allenfalls dem Taucher zugänglich ist.
Dr. Horst Janus beschreibt das Watt als Landschaft, erläutert die Entstehung von Ebbe und Flut und nennt die typischen Pflanzen und Tiere, die uns im Watt begegnen.

In Ihrer Buchhandlung.
Fordern Sie bitte die kostenlose Informationsschrift P 018 an.

KOSMOS-Verlag, Postfach 640, 7000 Stuttgart 1